大国资本市场
探索与实践

刘平安 / 著

THE
CAPITAL
MARKET OF A GREAT POWER
EXPLORATION AND PRACTICE

中国财经出版传媒集团
经济科学出版社
Economic Science Press

图书在版编目（CIP）数据

大国资本市场：探索与实践/刘平安著．—北京：经济科学出版社，2020.4（2021.9 重印）

ISBN 978－7－5218－1360－9

Ⅰ．①大… Ⅱ．①刘… Ⅲ．①资本市场－研究 Ⅳ．①F830.9

中国版本图书馆 CIP 数据核字（2020）第 036514 号

责任编辑：王红英
责任校对：靳玉环
责任印制：邱　天

大国资本市场：探索与实践
刘平安　著

经济科学出版社出版、发行　新华书店经销
社址：北京市海淀区阜成路甲 28 号　邮编：100142
总编部电话：010－88191217　发行部电话：010－88191522
网址：www.esp.com.cn
电子邮箱：esp@esp.com.cn
天猫网店：经济科学出版社旗舰店
网址：http：//jjkxcbs.tmall.com
北京时捷印刷有限公司印装
710×1000　16 开　16.25 印张　220000 字
2020 年 6 月第 1 版　2021 年 10 月第 3 次印刷
ISBN 978－7－5218－1360－9　定价：88.00 元
（图书出现印装问题，本社负责调换。电话：010－88191510）
（版权所有　侵权必究　打击盗版　举报热线：010－88191661
QQ：2242791300　营销中心电话：010－88191537
电子邮箱：dbts@esp.com.cn）

推荐序

酒中泰斗,浓香正宗

"今天喝1573,大家不醉不归!"平安兄豪气地说道。

三板新政出台后,平安兄和我组织了圈内第一次聚会,参加的有三板企业,有投资机构,有基金有限合伙人,有券商,有媒体,有原证监局领导,还有新锐经济学家。一群新三板人下午各抒己见,商讨合作,晚上围坐一圈,把酒言欢,对酒当歌。

新三板人等待了太久,终于迎来了这次改革。席间,平安兄说证监会宣布启动新三板的全面深化改革之后,他又一次彻夜未眠。上次彻夜未眠,也是因为新三板,是国务院决定成立"股转公司"的那个晚上。所以今日必须畅饮庆功酒,甘洒热血写春秋!

作为重庆人,平安兄豪爽耿直,是个性情中人,这些年已经记不清喝了他多少的泸州老窖,而且喝得心安理得,其实只是靠一篇文章。

我俩微信认识,神交已久,第一次见面竟然也是在重庆。重庆股交中心组织一次新三板的推广活动,我俩都是受邀的演讲嘉宾,去之前平安兄主动给我打电话,说到了重庆要好好聚聚。活动结束,主办方宴请的时候,平安兄当着众人之面,对我大加赞赏。他说认识可亮,是因为他的一篇文章。一天,他的同事打印了一篇文章送到他的办公室,对他说:"你总觉得你懂新三板,你看看这篇文章怎么样?"他说读完了不禁拍着大腿说："写得太牛了，我用四句话把新三板讲清楚了，他只用了一句话，这个哥们，我一定要认识！"

看着不胜酒力，已经脸红的平安兄，我心中暗想：文无第一，武无第二，自古文人相轻，想不到今天这位老兄，这么磊落、坦荡，顿有惺惺相惜之感。在后续的交往中，平安兄不止一次跟新朋友们提及这段历史，彼此视为知己。

他说的这篇文章是《新三板：中国近三十年最伟大的制度变革》，文中我将新三板比作可以和农村联产承包责任制相比肩的，中国近三十年最伟大的制度变革。文章是 2016 年 6 月 17 日发表在我的公众号，也是我公众号的第一篇文章。在此之前自己只是带领团队做着具体的新三板挂牌业务，并未想过还要为新三板市场的发展建言献策，也未曾想到接下来的几年竟然频频为新三板的鼓与呼而抛头露面。

而平安兄可以说是新三板市场最早的参与者和推动者，2014 年开始就在《证券日报》《人民日报》等主流媒体发表了很多关于新三板市场建设的文章，在市场和监管部门当中有着广泛的影响力。2015 年即出版了《创新企业腾飞之翼：新三板掘金之道》一书。书中他引用了管理大师莱顿·克里斯坦森和迈克尔·雷纳提出的破坏式创新理论，来解读中国资本市场的变革。根据破坏性创新理论，交易所市场无疑是市场的在位者，新三板是市场的新进入者，市场的在位者总是倾向于维持性创新，而新进入者总是倾向于破坏式创新。书中深入分析了交易所之所以是维持性创新的理由，一是市场主体的非市场化特征，二是制度改革的"路径依赖"。所以 2004 年设立的中小板和 2009 年设立的创业板，由于依附在原有的市场、业务系统和制度框架内，最终把中小板和创业板搞成了主板市场的一部分。而新三板，不管是价值主张、市场定位、制度安排方面，均完全独立于交易所市场，完全颠覆了原有的市场体系和制度安排，是典型的破坏式创新。

2017年夏，平安兄送我此书，而我在此之前于2016年国庆节撰文《新三板，中国资本市场的双轨制改革》，并自认为双轨制改革可以成为理解、分析新三板以及中国资本市场改革最恰当的理论框架。读完此书，不仅赞叹，平安兄引用的颠覆式创新理论，更像是新三板改革的理论基础，而双轨制改革理论更多的是一种指导实践的方法和路径。

平安兄运用此理论，指出新三板当前存在的最大问题是要素不匹配和激励不兼容。在新三板这个全新的市场里面依然有很多交易所市场非市场化的制度安排和非市场化的市场主体。比如市场的主要组织者"主办券商"，在IPO市场存在的情况下，没有足够的动力来从事新三板业务。如果做市业务还是仅限于券商，新三板的流动性不可能从根本上得到改善。这些在2015年的预见，直至今日三板新政出台，仍然有着警示和指导意义。

新三板从2013年初股转公司正式挂牌运营，经历了充满幻想的2013，蠢蠢欲动的2014，全面爆发的2015，略感失望的2016，充满绝望的2017，垂死挣扎的2018，终于在临终前，迎来了2019年的起死回生。

充满绝望的2017年，平安兄继续撰文讲新三板终将守得云开见月明。是的，现在我们终于迎来了这一天，等到了盛宴开席。

我们筹备新三板的盛宴，我们等待新三板盛宴，我们为这场科技型民营企业融资的盛大宴席，付出了太多，等待了太久，太久！

这两年，我们也看到了太多的人，起身离席，他们或决绝，或犹豫，或心灰意冷，或恋恋不舍。看着朋友们一个个离开，我曾在朋友圈感言：闹革命的大部分都是饿着肚子的，饿久了，还没口饭吃，要么就饿死了，要么就老老实实回家种地了，革命队伍自然就散了。不过，只要因缘际会、风云再起，自然又会有一批人揭竿而起。

其间每个新三板人经历的艰难困苦、冷嘲热讽，真的不足为外人道也。不管怎样，去留肝胆两昆仑！

每个离开的人，都有各自离开的理由，能够坚持到今天的，我想离不开六个字：远见、能力和情怀。

远见

问：一头猪明明看到了前面有一堵墙，为什么还撞了上去？答案是：猪不会脑筋急转弯。留在新三板的这些人，真的是不撞南墙不回头的猪吗？我想不是。新三板这些年经历了从希望到绝望的过山车，期望的政策永远在路上，新三板为轻信它的人，上演了一场"狼来了"的闹剧，为不信它的人，上演了一场"等待戈多"的荒诞剧。但即使前有流言四起，后有科创板出台，要成为真命天子，我们依然守在新三板的舞台，依然坚定地看好新三板，为什么？远见。

这个远见，不是来自对监管层领导讲话的解读，不是来自对资本市场每日起伏的观察，而是来源于对大国经济发展规律的认知。我用政治经济学来分析新三板和资本市场改革，平安兄作为社科院的博士用颠覆式创新理论来分析新三板和资本市场改革，都是跳出了三板看三板，可以说是站在山顶眺望，所以不会在山间迷路。

能力

我曾在另一本书《金融不虚：新三板的逻辑》的序言里写道："其实我们每个人既是堂吉诃德又是桑丘，我们都在理想和生计之间摇摆。我们的堂吉诃德在为了理想勇往直前的路上，总有桑丘在旁边为了生计啰里啰嗦。理想是狂热的、缥缈的，生计是冷静的、实在的，在堂吉诃德为了骑士梦想而不断冒险的路上，是桑丘为他做了后勤保障。做堂吉诃德还是做桑丘，这不能是一道单选题，塞万提斯也不忍心让堂吉诃德一个人上路。可时至今日，这确是摆在所有坚守新三板的人们面前的一个问题。"

新三板不是一个攀权附贵就可以生存的市场，新三板，并不是靠理想、靠情怀就能待得住的地方，想要在新三板扎根，除了远见卓识外，还必须有过硬的专业做支撑，必须悲智双修，文武全才。平安兄，曾在中国平安保险集团从事战略规划、大鹏证券从事投资银行、联想控股从事投融资，具有丰富的资本运作经验，也曾担任两家创新型企业的首席执行官，具有丰富的企业管理经验，是国内研究型和实践型相结合的金融资本实战专家。其创立的金长川资本，管理着总规模20亿元的私募股权基金，这些年在新三板多有斩获，所投资企业大都持续增长，还有多家成功上市，这是平安兄能够持续坚守在新三板的能力和实力保障。

情怀

新三板市场沉寂暗淡的这几年，却恰恰为海外市场提供了机会，很多人开始鼓动新三板企业转到海外上市，所以有人转做美股，有人转做港股，也有人去做了区块链，赚得盆满钵满，90后的年轻人都在谈论暴富让他们失去了欲望。

既有理论基础，又有实践动手能力的人，在哪都不会差，所有这些由新三板而衍生出来的机会，都有朋友们邀我加盟，也都被我婉拒，我也不止一次地在朋友圈戏言，要在新三板这一棵树上吊死。我相信平安兄的机会更多，他为何不转行，为何死守新三板？我没具体问过他。但是我想让他留在新三板的，除了远见和实力之外，还有一份情怀。

平安兄是中国社会科学院研究生院MBA特聘导师，这些年一直为清华、北大等著名高校MBA、EMBA、总裁班和资本运作班讲授资本市场、新三板、PE和资本运作课程。在与这些民营企业家授课交流的过程中，成为很多企业家的良师益友，深知中国民营企业家经营之不易和痛点之所在，所以指导他们如何利用资本市场助力企业发展，就成了平安兄身上的一份沉甸甸的责任。

除此之外，从平安兄的文章中，我们也能够读出浓浓的家国情怀，他讲："如果从资源要素的市场化程度来看中国经济的市场化改革，中国的市场经济才刚刚开始。一个发达的市场经济需要有一个发达的资本市场与之相适应。新三板专门为创新创业型企业提供资本市场服务，为实现创新经济要素市场化配置的优化奠定了基础。如果从经济结构转型所需的资本市场看新三板，新三板代表了中国创新经济和资本市场未来的发展方向，是中国经济结构转型的金融市场基础。如果从资本市场制度演进的方向和路径看，新三板是中国资本市场制度创新的典范。如果从中国国家创新战略的高度来看，新三板必将成为中国国家创新战略的金融市场基础。"

为了新三板的发展，为了帮助民营企业解决融资难，他笔耕不辍，每每在新三板发展的关键时期，都可以在权威媒体看到他所发表的有分量的文章，助推新三板改革。他每年自掏腰包出版《中国新三板创新与发展报告》蓝皮书，举办新三板高峰论坛，向全社会宣传、推广新三板，为新三板正本清源。

值此新三板深化改革之际，出版社邀请他将近几年的文章以及关于科创板的评论整理、结集成册，题名《大国资本市场：探索与实践》，我想这本书可以看作是平安兄献给新三板的一坛庆功酒，平安兄深厚的底蕴和丰富的经历，会让你读之犹如品味国窖1573，老窖之酒骨，洞藏之佳酿，醇厚、绵长……

我相信，随着时间的推移，随着新三板的发展，平安兄必定可以成为三板圈的酒中泰斗，他的观点和文章也将自成一派，称得上浓香正宗。

（作者系银泰证券股转业务部总经理张可亮）

自序

新三板将成为中国科创资本市场的主力军

如果从购买力平价看中国的经济总量,从 2014 年起中国已经是全球第一大经济体。即使从名义 GDP 看,中国目前也是世界第二大经济体,如今的中国已经是无可厚非的经济大国。但中国的资本市场,特别是证券市场,不管是从市场规模还是从市场质量看,与发达市场经济国家相比,还有相当大的距离。中国资本市场的市场化程度严重滞后于实体经济的发展,特别是对科技创新产业和企业的支持才刚刚起步,真正处在探索和实践阶段。我始终认为,构建一个支持科技产业的强大资本市场,既是中国资本市场改革的方向和目标,也是中国资本市场持续健康发展的基石。本书集结了我近几年在权威媒体上发表的关于新三板、科创板等资本市场的看法和主张。基于对本书探讨的主要问题以及对中国资本市场过去、现状及未来改革的基本理解,本书取名《大国资本市场:探索与实践》。

如果我们把中国资本市场过去三十年的发展,与目前的市场化改革和探索以及今后实现市场化后的市场发展结合起来,根据市场化程度的高低,中国资本市场的发展可以分为三个阶段:第一阶段,完全非市场化阶段,即从沪深交易所设立到 2012 年股转公司设立之前的发展阶段。在此阶段,证券发行实施审批制和核准制,市场退出机制没有有效地建立起来。第二阶段，市场化探索和改革阶段，即从股转公司设立，到2019年设立科创板，再到新三板全面深化改革，以及2020年的创业板注册制试点，直到A股各大板块完全实行注册制。目前正处在这个阶段，预计时间会持续到2025年左右。第三阶段，完全市场化阶段。这一阶段的到来，一方面取决于中国金融市场整体对外开放步伐；另一方面取决于中国资本市场改革的试错成本与收益。当改革过程中并未出现系统性金融风险，并显著地推动了资源配置效率的提高，这一天的到来就为时不远了。

中国资本市场的市场化改革从科创资本市场开始。首先，在新三板试点市场化的制度安排。但由于其定位存在偏差以及制度供给的不及时、不到位，新三板没有肩负起推动中国资本市场的市场化改革重任。正因为如此，2019年6月在上交所设立的科创板，才成为推进中国资本市场市场化改革和助推科技企业产业化的强大引擎。当科创板试点注册制完全落地之后，2019年10月，新三板推出了增设精选层，实施公开发行，在精选层进行连续竞价交易，以及转板上市等全面深化改革举措。在全面推进新三板改革的同时，创业板的注册制改革也呼之欲出，预计在2020年6月推出。至此，中国科创资本市场的市场化改革全面展开，并成为中国整个资本市场市场化改革的推动力量。可以预见的是，当科创板、创业板注册制改革试点和新三板全面深化改革完全落地之后，主板和中小板的注册制改革也就会顺理成章地提上市场化改革的议事日程。为什么科创资本市场会成为中国资本市场市场化改革的推动力量？深究其因，有着历史、现实和理论的必然逻辑：第一，中国经济结构转型需要中国科技产业的全面崛起；第二，应对人类第四次工业革命的挑战需要大力发展中国的科技产业；第三，大力发展直接融资，以此调整中国金融市场结构是降低系统性金融风险和经济风险的必由之路；第四，中美贸易战使我们强烈意识到支持科技创新产业的重要性与必要性；第五，大力发展科创资本市场，是切实解决中小企业融资难的有效途径；第六，中国资本市场的市场化改革，也遵循了中国经济改革的惯常逻辑，即"先增量，后存量"的改革路径，本着"先易，后难"的基本原则进行。

新三板、科创板和创业板作为中国的科创资本市场，共同促进中国科技产业的全面崛起。这三大市场既竞争又合作，不仅提高了为科技创新企业服务的整体市场效率，同时推动着中国资本市场的市场化改革。2019年新三板的全面深化改革，赋予了新三板证券市场的核心功能，使新三板具备了与科创板和创业板竞争合作的制度基础，把中国科创资本市场带入了全面竞争与合作的效率时代。按照既定的制度安排，科创板和创业板作为科创资本市场的高级市场，主要为头部科技企业服务，而新三板作为基础市场，主要为科技创新企业的长尾市场提供服务。基于中小企业的庞大融资需求，新三板现有一万多家挂牌公司的市场基础，以及不依附于任何主板市场的独立市场地位，我们完全有理由相信，假以时日，新三板不仅将成为中国科创资本市场的主力军，抑或成为能与美国纳斯达克交易市场并驾齐驱，甚至引领全球科技产业发展的科创资本市场。

本书得出的观点与立场可能与主流经济学家相左，但作者并非空穴来风，信口开河。首先，我们应该相信制度的力量。从新三板既定的制度安排看，沪深交易所能干的事情，新三板可以干，而沪深交易所不能干的事情，新三板也可以干。新三板不仅具备了与科创板和创业板竞争的制度基础，也在一定程度上具备了主板与中小板竞争的制度基础。其次，我们应该相信历史的逻辑。历史是一面镜子，任何一个依附于主板市场的科创资本市场，为何没有一家像美国纳斯达克交易市场那么成功，其核心的原因在于纳斯达克交易市场不依附于任何主板市场，拥有独立的市场地位，其内部管理资源的配置是高效且垄断的，这决定了市场发展的速度与规模。最后，我们要相信市场的力量。新三板过去短短几年为何发展成为全球挂牌公司家数最多的资本市场①，主要原因是基于庞大的市场需求，切实有效地解决了中小企业的融资难问题。随着新三板全面深化改革的落地，大量具有科技创新能力的中小型企业都可以在新三板公开发行后进入精选层，并实现转板上市，满足较大规模的融资需求。我们深信，市场需求决定了市场的生命力，新三板的市场定位决定其发展速度与发展规模。

  本书收集了近几年本人对中国资本市场建设和发展的关注与思考，虽然本人一直从事PE投资，但思考问题的角度并非从微观层面入手，大多从宏观角度，特别是站在国家战略层面来思考中国资本市场的改革与发展，希望尽自己的绵薄之力，为中国创新经济的发展贡献自己的一分力量。由于主业并非从事系统性的研究工作，提出的观点与主张有可能存在偏颇之处，甚至有偏激的地方，敬请研究者、爱好者以及关心中国资本市场建设和发展的各路仁人志士批评指正，不胜感激！

---

① 本书除特别说明，数据均来自全国中小企业股份转让系统有限公司，www.neeq.com.cn。

目录

I 金融的本质 / 1
  金融的本质就是为实体经济服务 / 3
  金融市场的市场化改革是实现供给侧结构优化的
  必由之路 / 7

II 新三板的生命力：理论框架与研究视角 / 11
  新三板市场的颠覆式创新 / 13
  坚持市场化方向 发挥新三板颠覆式创新作用 / 15

III 新三板市场化制度的构建与创新 / 21
  非券商机构成为新三板做市商的利弊 / 23
  集体诉讼制度应在新三板试行 / 25
  新三板推出"转板"制度需满足三大条件 / 27
  重新审视新三板定位 / 28
  新三板新政引导创新层公司建立现代企业制度 / 35
  新三板推出摘牌制度势在必行 / 37

夯实新三板基础性制度安排 / 43

新三板继续夯实基础性制度安排 / 46

IV **新三板的改革与发展** / 51

新三板历史性大发展：机遇与挑战 / 53

新三板终将守得云开见月明 / 61

坚持市场化方向　纾解新三板两大矛盾 / 64

砥砺前行　创新发展 / 67

新三板进入追求市场质量化阶段 / 77

新三板：成就、问题与方向 / 85

新三板改革循序渐进　两条主线继续完善推进 / 96

新三板进入提质发展新阶段 / 103

新三板，打破瓶颈靠什么？ / 106

凤凰涅槃中的新三板

　　——"N＋H"模式深入解读 / 112

革故鼎新　继往开来 / 120

差异化制度供给促新三板高质量发展 / 132

新三板深化改革将中国资本市场带入联通与效率时代 / 136

V **提高新三板的流动性** / 141

新三板的流动性会大幅度提高吗 / 143

新三板流动性难题如何解 / 145

新三板分层迈开了解决流动性难题的第一步 / 147

"转板"成流动性困境突破口 / 149

标本兼治提高新三板流动性 / 151

Ⅵ **新三板的投资策略** / 159

　　新三板的投资价值与风险 / 161

　　新三板的投资主体及基本策略 / 164

　　三大基本策略教你投资新三板 / 167

Ⅶ **科创板的探索与实践** / 177

　　构建中国创新型资本市场的良性生态系统 / 179

　　中国科技创新和资本市场改革深化的强大引擎
　　　——全面解读科创板 / 183

　　科创板的市场化生态有益于新三板发展 / 217

　　准确把握科创板首批三家过会企业的关键核心技术 / 222

　　中国科创资本市场：探索与实践 / 232

I

金融的本质

金融市场和金融体系促进了各生产要素高效率的组合和交易，优化了资源配置，提高了生产效率。金融的本质就是为实体经济服务，离开这一本质来谈金融，金融就成为无源之水、无本之木。供给侧结构性改革的本质是提高经济的整体运行效率，增加有效供给。金融市场的市场化改革可以提高资源的配置效率，以实现供给侧结构的优化，从而达到增加有效供给的改革目标。

金融的本质就是为实体经济服务

党的十九大报告要求，"深化金融体制改革，增强金融服务实体经济能力，提高直接融资比重，促进多层次资本市场健康发展。健全货币政策和宏观审慎政策双支柱调控框架，深化利率和汇率市场化改革。健全金融监管体系，守住不发生系统性金融风险的底线"。这是对金融领域的根本要求，是指导金融改革发展稳定的行动指南，是做好新时代金融工作的根本遵循。

记者：十九大报告站位高远、主题鲜明、思想深邃，具有划时代的里程碑意义。报告提出，增强金融服务实体经济能力。您如何看待金融和实体经济两者之间的关系？

刘平安：十九大报告明确指出，深化金融体制改革，增强金融服务实体经济的能力，促进多层次资本市场健康发展。

我们只有正确地理解和把握了金融和实体经济的关系，才能够真正深化金融体制改革，才能够紧紧抓住金融改革的根本目标，以及选择合适的金融市场改革路径。金融的本质就是为实体经济服务。离开这一本质来谈金融，金融就成了无源之水、无本之木。

现代市场经济就是金融经济。市场经济中需要的各种生产要素，包括劳动力、土地、自然资源和技术等，进入市场都是以货币进行计价和交易的。如果没有货币和金融的出现和发展，我们可能还处在"物物"交换的原始社会，而不是信用高度发达的现代金融经济社会。货币和金融的出现，是生产力发展的必然结果。另外，金融和金融市场的发展也会反过来促进生产力的发展，因为货币除了基本的计价和交易功能外，其定价功能以及产业资源的整合功能大大地促进了经济效率的提升。经济的发展是各种生产要素通过市场化方式进行组合以不断创造生产力的过程。货币、金融、金融市场和金融体系促进了各种生产要素高效率的组合和交易。从这个意义上说，现代市场经济离不开金融、金融市场和金融体系。但货币和金融这并不能代替生产力发展的各种生产要素本身，包括劳动力、土地、自然资源和技术等资源要素。如果我们把整个经济当成是人的身体的话，那么金融市场和金融系统就好比是人身上的血液循环系统。血液循环系统对人的身体固然重要，但并不能代替人的身体本身。这就是我们所理解的金融和实体的关系。

记者：未来金融改革发展的方向是回归本源、强化监管。您认为如何平衡两者之间的关系？

刘平安：十九大报告指出，"深化金融体制改革，增强金融服务实体经济能力。"未来金融体制改革的方向是回归本源，即增强金融服务实体经济的能力，提高服务实体经济的效率，但同时要强化监管，以免金融"脱实向虚"。

目前中国金融市场由于体制和机制等问题，市场效率不高是不争的事实，主要表现在：一是金融市场结构不合理，间接融资体系的比例过高，直接融资体系比例过低。不管是从宏观层面上看，还是从微观层面上看，经济金融的杠杆率很高，经济面临系统性金融风险；二是由于金融市场结构不合理，导致金融市场对创新经济不能提供很好的金融支持，支持经济结构转型的金融市场基础没有很好地建立起来，产业资源的并购重组并不能通过金融市场有效进行。为此，今后整个金融发展改革的方向就是要提高直接融资比重，降低杠杆率，在此基础上构建一个支持创新和经济结构转型的强大金融市场体系。但在发展和创新金融市场的同时，也要强化金融监管，把金融市场规制放在市场建设的首位，打击各种金融违法违规行为，防止金融自由化过度，以避免2008年全球性金融危机的发生。平衡好发展和监管这一对矛盾。不能只要发展，不要监管。也不能只要监管，从而阻碍发展。把握好这个原则就是要把法律和制度建设放在市场建设的首位。

记者：十九大报告指出，守住不发生系统性金融风险的底线。您认为如何构建金融市场的风险管理体系？

刘平安：十九大报告明确指出，健全金融监管体系，守住不发生系统性金融风险的底线。我们认为，目前的系统性金融风险主要表现在以下几个方面：一是金融体系的杠杆率太高，导致金融体系面临系统性金融风险；二是金融市场的各个子市场（包括银行、证券、保险和信托）的协调监管体系没有有效建立起来，监管能力不足，监管套利行为严重；三是影子银行、非法集资行为严重，扰乱了正常的金融市场秩序，蕴含了巨大的系统性金融风险。

对于以上风险，党和政府十分重视，在深化金融市场改革的同时，也强化了金融监管。对于以上系统性金融风险，采取的主要措施应该有：一是大力发展证券市场等直接融资市场，提高直接融资比重，使金融市场的市场结构合理化，降低杠杆率。近年来采取的措施是大力发展新三板市场以及私募股权资本市场（PE），取得了显著成效。二是为了协调银行、证券、保险和信托市场的监管体系，成立了国务院金融稳定发展委员会。这是中国金融市场协调监管最有力的措施。三是对于影子银行和非法集资行为，银监会和中国证券投资基金协会都采取了大量监管措施。比如，银监会对于私募基金设立的配资行为进行严加监管，中国证券投资基金业协会对私募基金的设立、信息披露等行为提出较高要求等。这些监管方向无疑都是正确的。

记者：十九大报告指出，创新是引领发展的第一动力，是建设现代化经济体系的战略支撑。在创新方面做了哪些尝试？取得了什么成果？

刘平安：北京金长川资本管理有限公司是对创新企业进行投资的专业风险投资管理机构，并且专注于新三板创新企业的投资。我们坚定地认为，新三板是中国国家创新战略的金融市场重要支撑，是中国经济结构转型的金融市场重要基础，是中国资本市场市场化改革的突破口。基于以上认知，金长川资本专注于新三板拟挂牌企业和挂牌企业的股权投资。目前我们管理了多只创投基金，管理规模近20亿元人民币，投资数十家创新创业企业。投资方向主要是文创产业、以云计算和大数据为基础的人工智能产业,以及代表经济结构转型的智能制造产业。

(本文系2018年1月30日作者接受新华网记者朱军平的专访)

金融市场的市场化改革是实现供给侧结构优化的必由之路

2017年是实施"十三五"规划的重要一年,也是供给侧结构性改革的深化之年。推进供给侧结构性改革,已成为新常态下推动我国经济发展的主线。

自供给侧结构性改革提出以来,以去产能、去库存、去杠杆、降成本、补短板为抓手的五大任务成为国家经济工作的重点。在供给侧改革的深化之年,股权投资行业将扮演什么角色?如何助推行业的前行与发展?

一、改革

"供给侧结构性改革的本质是提高经济的整体运行效率,增加经济的有效供给。"刘平安称,通过"去产能、去库存、去杠杆,降成本,补短板"等改革供给端的方法、手段和路径来实现。

刘平安认为,可行并且也是最好的方式,是通过深化金融市场的市场化改革来实现供给侧结构的优化,从而达到增加有效供给的改革目标。如果金融市场真正市场化,落后产能和过剩的库存不可能得到金融市场的支持。

目前的"高杠杆"是由中国金融市场结构决定的,即间接融资比重过高,直接融资比重过低,导致银行资产对GDP的比率过高,以及微观企业的资产负债率过高。"降杠杆"一方面要用市场的方法解决存量问题，更重要的是，需要大力发展证券市场以提高直接融资比重来解决增量问题。"降成本"从宏观层面来讲，一方面可以通过降低企业的税负来实现；另一方面通过调整金融市场结构，即通过大力发展证券市场，提高直接融资比重，降低间接融资比重，使微观企业优化资本结构来实现。"补短板"，即补基础设施的短板，补事关国计民生（如教育、医疗等）的短板。解决经济发展中的"短板"，一方面，要打破现行的垄断，通过制定税收优惠等相关政策鼓励企业进入相关行业；另一方面，"短板"产业一般也是非市场化的产业，行业发展前景广阔，自然会吸引金融资本源源不断地涌入，其前提是金融市场是市场化的，资本的供给才是有效的。供给侧结构性改革目标，其市场化的改革路径应该是深化金融市场的市场化改革来实现。目前最重要的有三件事情要做：交易所市场的市场化改革（注册制）；新三板市场流动性的改善和提高；私募股权资本市场的规范化发展。因此，2017年作为供给侧结构性改革的深化之年，应该加强金融市场（特别是资本市场）的市场化改革，大力发展直接融资，通过提高金融市场的资源配置效率以增加经济的有效供给。

二、机遇

目前的高杠杆使经济面临一些风险，"去杠杆"是供给侧结构改革的重要内容。

刘平安认为，"去杠杆"一方面通过解决存量的方法，即所谓的"债转股"来解决；另一方面就是通过解决增量的方法，即大力发展直接融资，通过改变金融市场结构以优化企业的资本结构。大力发展直接融资，通过改革和发展三个市场来实现：一是交易所市场的注册制改革；二是大力发展场外市场新三板；三是私募股权资本市场的规范和发展。交易所市场和新三板的健康发展为私募股权资本市场的持续发展提供了基本前提,即交易所市场和新三板市场,一方面为PE提供通畅的退出通道,增强了PE的流动性;另一方面为PE机构的价值实现提供了平台。另外,私募股权资本的健康发展会为交易所市场和场外市场的发展奠定良好的市场基础。因此,"去杠杆"为私募股权投资行业(PE)带来了历史性投资机遇。但目前交易所市场的非市场化制度安排,以及新三板市场化制度安排的不及时或不到位所导致的流动性不足给PE行业的健康发展带来了风险。

据了解,金长川资本对具有创新能力的中小微企业"情有独钟"。目前已经成立多只创投基金,投资了数十家创新企业,特别是新三板的挂牌公司和未挂牌公司的投资。产业投资方向主要集中于TMT行业、文化创意产业,以及具有新型商业模式的现代服务业。如新三板的挂牌公司立方控股、华清飞扬、阿尔特汽车、新道科技、驱动人生、荣信教育、易瓦特无人机等都是细分行业的龙头企业,都有金长川资本旗下基金的投资身影。

实际上,对新三板具有创新能力挂牌公司的定增投资,一直是金长川资本关注的对象。"新三板代表了中国的创新经济,代表了中国资本市场未来的发展方向,是中国国家创新战略的金融市场支撑,是中国经济结构转型的金融市场基础。"在刘平安看来,新三板是中国多层次资本市场体系真正具有价值投资的市场。

对于股权投资行业的发展机遇,刘平安认为主要表现在以下几个方面:一是金融市场结构调整,大力发展证券市场,提高直接融资比重,为股权行业的发展提供了历史性机遇;二是新三板的大力发展以及交易所市场的市场化改革,为PE股权投资提供了越来越通畅的退出通道,提供了价值实现平台,会极大地促进股权行业的健康发展;三是适逢信息科技革命，中国企业的创新能力越来越强，为股权投资行业的发展奠定了良好的微观市场基础；四是PE行业的规范化程度越来越高，为股权投资行业奠定了健康发展的制度基础；五是PE行业大发展有了一定的市场基础。

  PE行业经20世纪90年代进入中国，目前已经过了二十多年的发展。不管是投资人，或是创新企业，对PE投资都有了一定的商业认知和市场经验。"我坚信，随着中国金融市场结构的调整，信息科技革命的创新，PE行业法律规范的出台，以及PE机构二十多年发展所积累的经验和教训，都为这个行业的大发展创造了较好的市场环境。"刘平安表示。

  （本文系2017年4月27日作者接受新华网记者朱军平的采访）

II

新三板的生命力：理论框架与研究视角

新三板不管是价值主张、市场定位，还是制度安排，都独立于交易所市场，颠覆了原有的市场体系和制度安排，是中国多层次资本市场体系中典型的颠覆式创新。真正市场化的制度安排和独立的市场定位使新三板具有强大的生命力。交易所市场的改革，因其内部管理资源的配置决定了创新的效率，倾向于维持性创新。

新三板市场的颠覆式创新

新三板目前不管是在微观市场主体的价值主张、市场定位，还是在宏观的市场制度安排等方面，完全独立于交易所市场，颠覆了原有的市场体系和制度安排，是对中国多层次资本市场体系建设的颠覆式创新。

新三板定位于专门为创新创业型企业提供资本市场服务。中国资本市场建设从1990年开始，到现在已经有25年的时间。交易所市场的市场定位、证券发行制度所形成的高准入门槛使众多创新型中小企业上市就犹如过独木桥。新三板挂牌的低成本、低准入门槛、便捷的业务系统，以及创新的制度安排，使创新企业尽快走进资本市场成为现实。对于那些真正具有创新能力、想融资发展但又不具备上市融资条件的创新型中小企业而言，新三板无疑为其提供了最佳的资本市场平台，这是一个全新的市场。

对于那些已具备上市条件但由于证券发行制度而不能及时上市的企业而言，新三板为其提供了走进资本市场的过渡性安排。新三板市场可为创新创业型企业提供金融整体解决方案。企业挂牌前可以方便地吸引到风险资本，因为新三板为风险资本提供了有效的退出通道，增加了企业对风险资本的吸引力。挂牌后可以通过定向增发进行股权融资。企业挂牌后由于是公众公司，管理更规范和财务更透明，便于企业发行公司债和中小企业私募债券，还可以企业股权作质押向商业银行贷款以及发行优先股。根据新三板既有的制度安排，企业将来还可以发行可转换债券。丰富的金融工具和融资渠道为创新创业型企业提供了便捷、低成本的融资解决方案。

从制度安排来看，新三板在市场准入制度、股票发行制度、交易制度或监管制度等诸多方面，都制定了适合创新创业型企业的制度安排。不设财务门槛、不受所有制性质限制、不限高新科技企业的低准入门槛，给予了所有创新企业进入资本市场融资的均等市场机会，体现了市场经济的基本精神——机会均等。

新三板的股票发行制度考虑到了创新创业型企业在发展初期综合性战略规划能力、管理能力和投资能力不足。股票交易制度不仅引入证券场外市场的核心交易机制——做市商交易制度，还创造性地引入交易所市场的集合竞价交易制度。在监管方面，创造性地安排和设计了主办券商的持续督导制度，以及信息披露中的事后审查制度。这些制度的安排和设计，都符合创新型资本市场的基本特征，与交易所市场的制度安排有着本质区别。

从创新理论视角看，新三板存在的最大问题是全要素不匹配，即在一个全新的市场里依然有很多非市场化的制度安排，主要表现在：证券发行制度虽然在内容上与注册制没有本质差别，但还不是真正意义上的注册制；市场的主要组织者"主办券商"完全沿用了交易所市场的券商，但交易所市场的券商没有激励和动力来从事新三板业务；常态化和市场化的"转板"制度和摘牌制度没有及时建立起来；没有建立起与市场发展速度和规模相称的投资人队伍，以及以持有长期资金的机构投资者为主的投资者结构；没有建立起具有竞争性的做市商交易制度，由此新三板到目前为止还没有一个合理的价格形成机制。

(本文发表于《中国证券报》2016年11月21日)

坚持市场化方向　发挥新三板颠覆式创新作用

为深刻理解新三板在中国多层次资本市场体系中的重要地位，以及在中国创新经济中扮演的重要角色，基于"颠覆式创新"理论的分析框架探讨新三板在中国多层次资本市场体系的市场创新和制度创新，会起到以下三方面作用：一是有利于企业家正确选择资本运作策略；二是有利于投资人做出正确的价值投资策略；三是有利于政府制定和完善资本市场制度。

一、新三板是典型的颠覆式创新

颠覆式创新理论是由世界著名管理学大师克莱顿·克里斯坦森和迈克尔·雷纳在其管理学经典著作《创新者的解答》中提出的理论分析体系。他们把创新分为维持性创新、低端颠覆式创新和新市场颠覆式创新三大类。维持性创新，指的是企业通过技术和服务的创新向现有的市场和客户推出新的产品和服务，以满足他们对产品和服务品质不断增长的需求。低端颠覆式创新，指的是企业采取一种低成本的商业模式向现有市场那些过分地被满足的客户提供产品和服务。新市场颠覆式创新，是指企业运用新技术开发出全新产品和服务，从而服务于完全不同于原有市场的全新客户，创造出一个新的巨大的市场。

（一）交易所市场的改革倾向于维持性创新

在中国多层次资本市场体系中，交易所市场是中国的证券场内市场，面向大中型成熟企业提供资本市场服务。由于中国金融市场结构是以间接融资体系为主，相应地，微观企业的融资也以债权融资为主，因此高资产负债率是成熟企业显著的财务特征。但近年来，随着经济全球一体化进程加快以及中国经济结构转型，竞争日趋激烈的市场环境一方面要求企业迅速壮大资本实力，进行产业资源的整合，提高企业发展速度；另一方面迫使企业优化资本结构以提高企业抵抗风险的能力，因此大中型企业走进资本市场进行股权融资就成为大多数成熟企业融资的必然选择。简言之，从市场需求角度看，交易所市场后备上市企业资源丰富，市场供不应求。

（二）新三板是典型的颠覆式创新

新三板目前不管是在微观市场主体的价值主张、市场定位，还是在宏观的制度安排等方面，独立于交易所市场，颠覆了原有的市场体系和制度安排，是中国多层次资本市场体系中的低端颠覆式创新和新市场颠覆创新，是典型的颠覆式创新。

1. 从市场定位和服务看新三板的颠覆式创新

中国资本市场建设从20世纪90年代开始，到现在已经有二十六七年的时间了，除新三板外，目前还没有哪个市场是专门为中小型企业提供资本市场服务的。交易所市场的市场定位、证券发行制度所形成的高准入门槛使众多创新型中小企业无法在交易所市场上市融资和并购，即使在为中小型企业和创业型企业设置的中小板和创业板也同样是高市场准入门槛。

新三板的市场定位是专门为创新创业型企业提供资本市场服务的。新三板挂牌的低成本、低准入门槛、便捷的业务系统，以及创新的市场化制度安排，使创新企业走进资本市场成为现实。对于那些真正具有创新能力，想融资发展但又不具备上市融资条件的创新型中小型企业而言，新三板无疑为他们提供了最佳的资本市场平台。相对于交易所市场为大中型成熟企业提供资本市场服务，新三板是一个专门为创新型中小型企业提供资本市场服务的市场，是属于典型的新市场颠覆创新。

对于那些已经具备上市条件但由于证券发行制度而不能及时上市的企业而言，新三板给它们提供了走进资本市场的过渡性市场安排，这是新三板以低成本的商业模式吸引那些在原有市场体系里不能得到满足的客户，是典型的低端颠覆式创新。新三板的价值主张不同于交易所市场，为创新创业型企业提供金融整体解决方案。企业挂牌前可以方便地吸引到风险资本，因为新三板为风险资本提供了有效的退出通道，增加了企业对风险资本的吸引力；挂牌后可以通过定向增发进行股权融资。

企业挂牌后由于是公众公司，管理规范和财务透明，便于企业发行公司债和中小企业私募债券，企业还可以股权作质押向商业银行贷款，以及发行优先股和"可转换"债券，大大降低投资人的风险，改善市场流动性。丰富的金融工具和融资渠道为创新创业型企业提供了便捷、低成本的整体融资解决方案。

2. 从制度安排看新三板的颠覆式创新

首先，从制度方向上看，新三板坚持的是市场化制度安排。不管是在挂牌公司的市场准入，还是股票发行、交易，以及市场监管等方面，新三板始终坚持了市场化方向。交易所市场不管是在证券发行或是在退市等方面，到目前为止都还没有建立起市场化、常态化的制度安排。在交易所原有的市场和制度安排下，创新型中小型企业很难得到足够金融资源的配置。

其次，从制度特色来看，新三板的制度安排体现了为创新型中小型企业服务的显著特色。新三板不设财务门槛、包容性的市场准入制度、不受所有制性质限制、不限于高新科技企业的低市场准入门槛，给予了所有创新企业进入资本市场融资的均等市场机会。"储架发行制度"是新三板股票发行制度的重大创新，它考虑到了创新创业型企业在发展初期综合性战略规划能力、管理能力和投资能力的不足，符合创新创业型企业在发展初期的基本特征。股票交易制度不仅引入证券场外市场的核心交易机制——做市商交易制度，还将要创造性地引入交易所市场的竞价交易制度。在监管方面，创造性地安排和设计了"自律监管"制度和主办券商的持续督导制度，以及信息披露中的事后审查制度。这些制度的安排和设计，都符合创新型资本市场的基本特征。

二、全要素不匹配是新三板创新存在的不足

首先，从颠覆式创新理论视角看，新三板制度创新存在的最大问题是全要素不匹配，主要表现在以下两个方面：一是市场的主要组织者"主办券商"完全沿用了交易所市场的券商，但交易所市场的券商没有激励和动力来从事新三板业务，导致证券中介服务效率不高；另外，市场流动性的主要提供者做市商也完全沿用交易所市场的券商，也同样存在"激励不兼容"难题，做市商没有激励与动力从事做市业务，市场的核心交易机制存在严重缺陷。二是作为以市场化导向的证券场外市

场，本身应该具备的一些基本制度安排，目前还没有及时推出来，表现在：(1)市场供需结构严重失衡；(2)没有市场化和常态化的退市制度；(3)市场分层管理基础上的差异化制度供给不足。近期双创可转债的推出迈开了差异化制度供给的步伐，但差异化制度供给还不及时；(4)没有满足优质企业融资的"转板"制度安排；(5)核心的市场交易制度不完善；(6)大宗交易制度尚未推出。

其次，新三板市场的微观基础质量也有待提高。由于挂牌公司发展阶段偏早，发展规模比较小，公司在这个阶段面临的市场风险、技术风险、财务风险和治理结构的风险都比较大。而机构投资者在选择投资标的时，对风险的控制要求又比较高，所以新三板存在投资者与挂牌公司风险不匹配的问题。对于投资人来讲，目前新三板挂牌公司最大的风险是财务造假的风险。由于新三板的信息披露严格程度相较于A股有很大差距，导致现在许多挂牌公司的财务真实性备受市场和投资者质疑。另外，挂牌企业没有解决好公司权力分配和利益分配等公司治理结构问题。大多数挂牌公司仍然由老板一个人说了算，董事会形同虚设，导致决策机制没有得到根本性的改善。股东对管理层的监督约束机制以及激励没有有效建立起来，挂牌公司治理结构方面的风险比较突出。

最后，从投资人的角度来讲，新三板是一个以机构投资者为主的市场，10%的机构完成了近70%的股票的发行和交易。但机构投资者的基金产品期限较短，一年、两年期占据绝大多数，这样不利于挂牌公司创新资本的形成。投资者价值投资意识还没有真正形成。新三板核心的投资逻辑是伴随创新企业的高成长，通过长期投资来获取价值回报，而不是像证券二级市场通过炒股利用短期的买卖差价来赚钱，这是投资人存在的主要问题。

三、坚持市场化方向，不断完善新三板制度

新三板应在坚持市场化的前提下，进一步夯实基础性制度安排，推进新三板市场制度的完善。第一，进一步完善市场分层管理制度，在目前创新层的基础上再分出一个"精选层"；因为市场分层制度是各项差异化制度安排的基础性制度。第二，在进一步分层的基础上，及时推出差异化信息披露制度和"转板"制度。第三，在进行以上两步的同时，进一步夯实和完善基础性制度安排。第四，在市场发展到一定程度后，再推出证券公开发行、竞价交易制度，以及调整投资人适当性管理制度，降低个人投资者门槛。

总之，基于国家创新战略的实施和中国经济结构转型对资本市场需求的紧迫性，以及新三板自身的市场定位和价值主张，新三板是中国多层次资本体系中典型的颠覆式创新，它是国家创新战略的金融市场支撑，是中国资本市场建设制度创新的典范，是中国经济结构转型的金融基础设施，是实现供给侧结构性改革的着力点。它代表了中国创新经济未来的发展方向，它的完善将夯实中国多层次资本市场体系的基础。

（本文发表于中国金融信息网 2017 年 11 月 14 日）

Ⅲ
新三板市场化制度的构建与创新

新三板是中国资本市场体系中最早进行市场化制度探索和实践的市场，差异化制度供给是新三板制度安排的显著特色。在市场分层基础上的差异化投资者适当性管理制度、差异化股票发行和交易制度，以及差异化监管制度是新三板差异化制度供给的核心。新三板本轮深化改革，使差异化制度供给全面落地。

非券商机构成为新三板做市商的利弊

2013年6月5日，《全国中小企业股份转让系统做市商做市业务管理规定（试行）》（以下简称《管理规定》）在市场参与人士的翘首期盼中正式发布实施。该管理规定与前期已发布实施的《全国中小企业股份转让系统股票转让细则（试行）》（以下简称《股票转让细则》）一起，构成了新三板做市交易的基本制度框架。

《管理规定》最大的亮点是非券商机构有望成为做市商。《管理规定》第二条在对做市商的界定中，明确了做市主体是证券公司和其他机构。此处的"其他机构"即为非券商机构。《管理规定》对做市主体的制度安排，与《股票转让细则》比较起来有较大突破，那就是把非券商机构也纳入做市主体。这一制度安排不仅考虑到了未来新三板的发展趋势对做市主体的数量要求，更为重要的是它体现了新三板对竞争性做市交易制度的本质理解。根据新三板的《股票转让细则》相关规定，每家挂牌公司至少需要两家以上的做市商为其提供做市报价服务，且必须有一家做市商是挂牌公司的主办券商。目前成为新三板合格主办券商有七十多家。如果只有券商成为做市主体，目前的券商数量基本上能满足挂牌企业对做市主体的数量要求，但难以适应未来三年到五年的市场容量的迅猛发展。更为关键的是，非券商机构如果成为做市主体，打破了券商对市场挂牌公司做市的垄断，更有利于证券场外市场发挥其自身功能，即价格发现和提高市场流动性以此保护投资者利益。这一制度安排更为深层次的含义是，证券业务主体准入制度有可能开始了市场化步伐，而证券市场的行政许可制度也许从此就会逐步让位于市场注册制度。

遗憾的是，《管理规定》的做市业务规定细则只是针对券商制定，并没有对非券商机构做市商的资格准入、监督要求，以及自律管理等业务细则做出相关规定。对于新三板做市交易的这一制度安排，我们可能的理解是，目前的市场条件还没有发展到需要推出非券商机构作为做市主体的时候。因为对于目前新三板的市场规模，仅有券商做市就能满足市场发展的要求。或者说，先通过券商做市进行试点，市场各参与主体，特别是挂牌公司、券商和投资人以及监管者，对这一新的交易方式，积累到一定经验后再推广到非券商机构。对于这样过渡性的制度安排，市场是可以理解的，也是完全接受的。但这个过渡性的时间安排不宜太长，需要等到三五年后才让非券商机构参与做市。我们认为，合适的时间是经过半年的试点之后就应该推出，或者最长试点一年以后让非券商机构也参与做市。我们之所以强调非券商机构参与做市的重要性和必要性，其中最基本的逻辑是，一个市场的健康发展离不开竞争。只有竞争才会有效率，也唯有竞争的市场才是健康的市场。新三板做市交易也不例外。

（本文发表于《证券日报》2014年6月11日）

集体诉讼制度应在新三板试行

新三板是一个高风险的资本市场，为切实保护投资者利益，不断完善以自律为主的监管框架与制度是新三板市场化制度建设的重中之重。完善监管制度，主要从以下几个方面着手：

第一，须把监管政策与制度安排上升到国家法律层面，加大监管力度。目前，对新三板进行监管的主要政策和法律依据是证监会颁布实施的《非上市公众公司监督管理办法》，以及全国中小企业股份转让系统有限公司（以下简称"股转系统"或"股转公司"，英文缩写"NEEQ"）自行制定的信息披露准则等。

但这些监管政策只是部门规章和业务细则，监督力度远远不够，增加了新三板的系统性风险，不利于投资者利益的保护。为切实有效保护投资人利益，构建一个市场化、持续发展的资本市场，须把监管政策上升到国家法律层面。

一个可供考虑和选择的方案是修改《证券法》，把对证券场外市场的监管，纳入整个资本市场监管体系。另外一个可供选择的路径是，基于新三板在中国多层次资本市场体系里的重要作用，考虑针对新三板的监管制定一部专门的法律。特别强调的是，在交易所市场提倡多年，但一直没有付诸行动的集体诉讼制度应该在新三板试行,切实保护投资人的利益。

第二,借鉴国际经验,完善以自律监管为主的监管制度与框架。目前在新三板的自律监管框架中,证监会出台相关监管政策,由"股转系统"进行一线监管,证券业协会作为自律性组织,没有在其自律性监管框架中充分发挥作用。

新三板目前监管框架的主要弊端在于,"股转系统"集市场运行、业务运行与自律监管"三位一体"。一方面,缺乏公正性和独立性;另一方面,监管资源不足以及监管经验不够丰富。这可以借鉴美国纳斯达克交易市场的监管经验,纳斯达克交易市场并不履行一线监管职能,由SEC(证券交易委员会)授权给FINRA(自律组织金融业监管局)进行一线监管,而SEC自身则对此进行检查,并同时处理特定案件。美国纳斯达克交易市场监管经验表明,证券行业协会作为行业自律性组织,因其独立性和公正性,在监管中发挥至关重要的作用。

第三,完善信息披露制度。从以下几个方面完善新三板的信息披露制度:一是要实行差别化信息披露;随着市场分层制度的实施,目前的信息披露制度已经跟不上市场发展需要;市场分层的本质在于风险分层与监管差别化管理;因此,根据不同层级制定不同的信息披露标准已经提到议事日程。二是信息披露内容方面应更加全面清晰;如信息披露不仅包括挂牌公司,也包括做市商的信息披露;不仅包括首次挂牌信息披露,也要包括持续信息披露。三是完善做市商信息披露制度;从做市商交易成交报告制度入手,加强做市商信息披露的监管,推动做市商完整、及时进行信息披露,规避其交易"抢跑"和通过联手垄断价格等损害投资者利益的道德风险行为。四是建立并完善信息披露法律责任体系;明确违规披露的处罚措施和相应主体的法律责任,增加违规披露成本。

(本文发表于《证券日报》2016年7月18日)

新三板推出"转板"制度需满足三大条件

新三板推出"转板"制度需要具备三大前提条件：一要突破现行法律上的障碍；二要具备推出"转板"的市场基础；三要大力夯实现有的制度基础。

首先，新三板推出"转板"制度需要突破现有法律上的障碍。境外成熟资本市场的证券法规都对证券场外市场的挂牌公司"转板"到证券场内市场上市有具体规定。新三板推行"转板"制度，在法律层面的最大障碍在于：《证券法》和深沪交易所的《上市规则》都将股票已"公开发行"作为上市条件，但新三板的股票发行不是公开发行，而是定向发行。要突破此法律障碍，一个可供选择的路径是，在现有交易所《上市规则》的基础上，对新三板公开转让在性质上等同于交易所市场的公开发行进行合理的解释；另外一个可供选择的路径是，可以借鉴境外的成熟资本市场的做法，上市条件不再由《证券法》做出具体统一规定，而是由交易所自行做出规定。

其次，新三板要具备实施"转板"制度的市场基础。新三板实施"转板"的首要前提是市场本身要独立运行，并在此基础上具备良好的市场基础。新三板既要发挥好"苗圃"功能，又要发挥好"土壤"功能。其中，"土壤"的内涵包括：独立的市场；良好的市场基础，完善的市场制度。新三板是专门为创新创业型企业提供服务的资本市场服务，不是为成熟企业提供服务的，与交易所市场具有天然的内生连接性。新三板不是交易所市场的附属市场，更不是交易所市场的过渡性市场，它是一个完全独立的证券交易市场。新三板只有在独立存在并健康运行的前提下，才可能为交易所市场提供源源不断的"转板"资源。

目前，新三板已经拥有了"转板"丰富的市场资源，具备了推行"转板"制度的良好市场基础。

最后，要大力夯实新三板现有的制度基础。新三板"转板"制度需要建立在真正市场化的制度框架基础上。推行"转板"的目的在于建立一种市场化的通道，满足新三板挂牌企业不断成长对企业资本的内生性需求。从现有的制度框架来看，投资人适当性管理制度的完善迫在眉睫。降低投资人准入门槛，扩大投资人队伍，增加挂牌公司公众的持股数量是帮助挂牌企业完善公司治理结构的必经之路。证券场内市场对公众持股人数和持股市值有较高的要求，目前挂牌公司公众持股人数和持股市值离交易所市场的要求还有一定距离，降低投资人的准入门槛是解决此问题的必要前提条件。另外，需要尽快推出"摘牌"制度。"摘牌"制度的实施会给挂牌公司施加市场化的压力，迫使挂牌公司不断完善公司治理结构，不断夯实管理基础以适应资本市场投资人对挂牌公司价值创造的要求。这样会整体提高挂牌公司的质量，不断催生创新企业向更高层次的资本市场进军。最后需要优化市场分层制度，为推行"转板"奠定制度基础。

在这方面，一个可供考虑的思路是，在现有创新层的基础上再分出"精选层"，"精选层"的标准与创业板的现实"上市"条件基本一致，让两个市场实现无缝对接。

(本文系 2017 年 3 月 21 日作者接受《证券时报》记者王小伟的采访)

重新审视新三板定位

目前，新三板的流动性严重不足已经成为影响新三板市场健康发展的最大障碍。流动性不足的根本原因在于制度供给不足，而制度安排不及时或不到位的根源与新三板目前在中国多层次资本市场体系中没有明确清晰的定位有直接关系。要想从根本上改善新三板的流动性,建设一个真正市场化的资本市场,我们需要从国家战略层面重新审视新三板的定位。

一、重审"证券交易场所"定位

从证券交易市场的法律地位看,目前官方对新三板的表述是:"新三板是继上交所和深交所之后的第三个全国性证券交易场所,具有与上交所和深交所同等的法律地位"。

从以上表述可以看出,上交所和深交所是"证券交易所",而新三板是"证券交易场所"。虽然只有一字之差,但给市场参与主体对市场的信心、心理定位和心理感受是完全不一样的。

很多市场参与主体在新三板市场发展初期曾一度认为,只有上交所和深交所才是中国资本市场的正规军和中央军,而新三板是地方部队,是游击队,是和天津的"天交所"和上海的"股交所"一样的北京地方股权交易市场,因此大都采取观望的态度,参与的积极性不高。特别是在目前流动性严重不足的市场环境下,市场更是对新三板未来发展失去了信心。

实际上,资本市场的发展首先需要解决的是市场信心问题。在目前新三板流动性严重不足的市场环境下,政府要让市场坚信,国家将大力发展新三板作为创新型资本市场以真正解决创新创业型企业的金融资本需求。既然新三板与上交所和深交所具有同等法律地位,同时基于新三板在国家创新战略中具备的重要作用,以及在中国经济结构转型中的金融市场基础地位,国家完全有必要让内容和形式统一起来,坚定市场主体参与新三板的信心和决心,让新三板真正成为中国的第三个"证券交易所",而不仅仅是"证券交易场所":即从操作策略上把"新三板"更名为"北京证券交易所";在组织形式上,北京证券交易所可以有别于上交所和深交所的"会员制",延续原有的组织形式,依然采取"公司制"。

二、重审"证券场外市场"定位

从多层次资本市场体系的角度看,目前新三板在中国多层次资本市场体系中的定位是:全国统一的证券场外交易市场。在中国多层次资本市场体系中,上交所和深交所是场内交易市场,新三板与各个地方性产权交易中心构成中国的证券场外交易市场。新三板与各个地方性产权交易中心不同的是,新三板是"全国统一"的场外交易市场,而地方性产权交易中心是"区域性"场外市场。

对新三板在中国多层次资本市场体系中作为证券场外市场的定位,我们有必要进行重新审视。

首先,从全球证券市场的发展趋势看,传统的基于物理特征(有无固定交易场所)的证券场内市场和场外市场划分的界限正在逐渐模糊,未来证券市场交易都会采用电子交易方式,因此传统的以物理特性来划分证券场内市场与场外市场没有多大实质性意义。

其次,基于制度安排的不同来划分证券场内市场与场外市场,将会对新三板未来发展产生重大不利影响。根据传统的对证券场内市场和场外市场的划分,场内市场的交易制度安排主要以竞价交易为主,而场外市场的交易制度主要协议转让和做市商交易为主,且做市商交易是证券场外市场的核心交易制度。

从目前新三板交易制度安排产生的市场结果来看,由于做市交易制度存在严重缺陷,新三板的流动性很难从根本上得到改善。长此以往,新三板可能会成为真正的"僵尸市场"。

为了让新三板的流动性从根本上得以改善，可以设想在新三板再分层基础上把它定位为一个"混合交易市场"，即证券场外市场与场内市场的混合交易市场，而不是目前单一的证券场外市场。

从美国纳斯达克交易市场的发展历程看，证券场外市场有了一定的市场基础后，基于市场流动性的需求把场外市场发展成为混合交易市场，即场内市场和场外市场共存的市场，也是市场本身发展的必然要求。

其实，"竞价交易"原本就在新三板的既定的交易制度安排中，迟迟不能推出的可能原因有两个方面：一是与目前新三板作为场外市场的定位有直接关系，即场外市场不以竞价交易方式为主；二是我们是否需要构建一个与交易所市场相竞争的证券场外市场。

如果重新审视把新三板作为证券场外市场的定位，取而代之，把新三板定位为一个"混合交易市场"，在新三板进行证券场内市场的制度安排，包括竞价交易，甚至是公开发行等，也就顺理成章了。

为此，在目前创新层的基础上再分出一个精选层，让处于精选层的企业实行公开发行、竞价交易，以及进行"转板"安排，以此带动新三板市场整体流动性的提高。

三、重审为创新创业型企业服务定位

新三板目前的市场定位是：专门为创新创业型企业服务。

这一定位从两个层面来理解：一是企业要具有创新能力，包括企业的科技创新能力和商业模式等方面的创新能力；二是企业所处的发展阶段，即企业处于"创业"阶段，处在生命周期的初创期和发展期，还没有到成熟阶段，也就是我们通常所理解的真正的"中小微"企业。

把新三板的市场定位和交易所市场的各大板块，特别是和中小板与创业板的市场定位进行比较，这三个市场无疑存在较大交叉和重叠的地方。

在目前中国多层次资本市场体系里，交易所市场各大板块的市场定位是：主板为大型成熟企业提供服务；中小板为中型、稳定发展的企业提供服务；创业板为科技成长型企业提供服务。

不管是从字面上理解，还是根据《创业板上市管理办法》，企业到创业板上市的标准和要求，新三板的市场范围都涵盖了创业板。因为创业板定位的科技成长型企业一定都是创新创业型企业，而到新三板挂牌的企业不一定仅仅是科技型企业，非科技型的中小型企业也照样可以到新三板挂牌融资。

另外，交易所市场的各大板块，现实的市场定位也是不清晰的。中小板和创业板成立的初衷是想专门开辟一个资本市场为中小型企业提供金融服务，真正解决中小型企业融资难的问题。但由于这两个市场都是在原有的制度和市场框架内的制度安排和设计，再加上交易所市场的非市场化制度安排，不管是从企业上市的规模还是发展阶段来看，目前中小板和创业板都事实上成为主板的一部分，而没有真正发展成为专门为中小型企业服务的资本市场。

各大市场板块定位的不清晰，一方面造成了市场的重复建设；另一方面导致了政策资源和市场资源的极大浪费。更重要的是，不利于金融市场资源的优化配置。

重新审视新三板的市场定位，应从以下两个层面考虑：

首先，从国家创新战略层面来考虑，中国要实施国家创新战略，必须有一个强大的支持创新的金融市场体系。目前，交易所市场不具备这样的市场基础和制度基础，间接融资体系基于其机构属性和风险偏好，也不可能为创新经济提供足够的金融支持,而"股转系统"经过四年多的发展,初步具备为创新企业提供资本市场服务的制度基础和市场基础。

其次,中国经济要实现结构转型,有效提高经济运行效率和资源配置效率,金融市场的市场化改革是前提和基础。目前,中国资本市场的市场化改革,新三板是一个有效的突破口。一方面,新三板为创新企业提供金融支持,使新兴产业高速发展,迅速做大并代替传统产业,资本市场为产业资源的整合提供平台;另一方面,新三板改革的成功可以对交易所市场形成一种市场化改革的倒逼机制,使交易所市场快速进行市场化改革,从而为产业结构调整奠定金融市场基础。

在新三板面临大发展之际,结合交易所市场的注册制改革,应该为各大市场板块进行清晰定位,即主板独立定位,为大型成熟企业提供资本市场服务;中小板和创业板合并成为新的中小板,专门为中型、稳定发展的企业提供资本市场服务;新三板定位为中国的"创新板",专门为具有创新能力的"中小微"企业提供资本市场服务,同时发挥"苗圃"功能,通过"转板"机制为沪深交易所孵化优质创新企业,以提高资本市场的整体资源配置效率。

当然,新三板为沪深交易所输送优质企业,一定是在新三板本身能足够吸引优质创新企业的前提下才能实现,这要求新三板作为独立资本市场需要有持续健康发展的制度基础和市场基础。因此,正确理解新三板作为创新型资本市场的定位,让三个市场连接联通,同时三个市场各自独立,健康发展,服务于不同发展阶段的企业,这是非常有必要的。

四、重审"股转系统"公司治理结构

不同于上交所和深交所的"会员制"制度安排,"股转系统"是我国目前唯一的"公司制"证券交易场所，由上交所和深交所等七家股东单位出资组成，其中上交所、深交所以及中国证券登记结算有限公司是持有股权最大的三个股东单位。

"股转系统"的重大战略决策，除了听从国务院和证监会的统一布置和安排外，还有另外一重权利结构制约着"股转系统"的战略决策，那就是"股转系统"作为公司制企业，重大战略决策要服从股东会（或股东）的决策安排。

这种权利结构难免造成在做重大战略决策时，由于各自的出发点不同，形成统一意见非常困难。比如证监会代表了国家利益，所作决策是从国家总体经济战略和金融战略层面出发，注重的是社会效益，并不考虑"股转系统"组织本身的经济效益；而"股转系统"作为公司制企业，应该首要考虑的是股东作为出资人的经济效益。因此，协调这两种权利结构在重大战略决策上达成一致，决策的效率自然低下。

"股转系统"作为"公司制"企业，股权结构是公司权利结构的基础，其重大战略决策需要股东会按"股东会议事规则"做出。

剖析"股转系统"的股东结构和股权结构，我们发现，沪深交易所由于属于证券交易所性质，可以视为"一致行动人"，共占有40%的股权，属于一大阵营；另外五家股东单位都属于证券期货等金融企业，共占有60%的股权，属于另一大阵营。两大阵营的决策出发点并不完全一致，因此其在重大战略决策上要迅速达成一致也不是容易的事情，这样也会影响到"股转系统"的决策效率。

当然，以上的分析只是基于理论和逻辑的基础，可能与"股转系统"在现实的决策并不吻合。因为毕竟七家股东单位属于国企，都要服从于"国家"这个大股东，实现国家的社会效益是首位的，其作为企业的经济效益是其次的。

此外，鉴于沪深交易所目前也要实现市场化改革的重大战略目标，从沪深交易所自身的利益最大化角度出发，如果沪深交易所作为"股转系统"的股东，"放手"让其独立、健康、持续发展，给"股转系统"最大的自主权和激励，"股转系统"的"苗圃"功能得以真正的发挥，这给沪深交易所带来的绝不仅仅是收益，而是更大的机会成本。

以上分析表明，基于形式和内容的统一，理论和实践的一致，从国家战略层面出发，可以考虑把沪深交易所持有的"股转系统"的股权转让给国家投资公司，即"中国投资有限公司"，或其全资子公司"中央汇金投资有限公司"，以完善"股转系统"的公司治理结构，从形式和内容上都服从于国家的总体经济战略和金融战略，为创新经济奠定金融市场基础。

（本文发表于《金融世界》2017 年第 5 期）

新三板新政引导创新层公司建立现代企业制度

对于 2017 年 12 月 22 日出台的新三板改革方案，最大的看点在于，在共同标准中增加了创新层挂牌公司的合格投资者数量不低于 50 人的要求，这反映了创新层挂牌公司作为"公众公司"的基本属性，即"公众性"。

部分新三板挂牌公司的治理结构并不完善，没有真正建立起现代企业制度，这是企业走进资本市场做大做强的最大阻碍。挂牌公司虽然名义是"公众公司"，但大多数挂牌公司股东人数少，股权结构集中，不是真正的"公众公司"，从而导致挂牌公司没有建立起科学的决策机制、有效的监督约束机制和高效的激励机制。此次新标准中增加了创新层挂牌公司的"公众性"，其实质反映了创新层和基础层差异化的制度供给安排，以及制度引导创新层挂牌公司真正建立起现代企业制度。

关于调减净利润标准，提高营业收入标准，由于新三板企业众多，发展阶段不同，风险大小各异，但总体上，企业规模又偏小，原有的分层"标准一"对净利润的要求偏高，不利于那些真正具有创新能力的小微挂牌公司进入创新层。因此，下调利润标准是想真正体现新三板的市场定位，即为创新企业提供资本市场服务。原有的"标准二"是从企业的成长性角度进行分类的。处于高成长性的企业一般具有高风险的基本特征，其主要风险在于市场风险，财务的稳定性不够。在目前处于买方市场的大环境下，提高一定的营收标准，目的在于增强创新层挂牌公司的财务稳健性，有利于降低投资者的非系统性风险，防止创新层挂牌公司"大进大出"的局面。

在引进竞价交易制度上，鉴于交易机制是证券市场核心的制度安排，一个有效率的证券交易市场，需要满足两个基本的交易前提条件。一是证券买卖双方的市场力量要基本均衡。供过于求，或供不应求，最终价格信号都会失真，从而导致市场交易低效或无效。二是要有效解决交易双方的信息不对称问题。协议转让交易方式要有效率，其前提是要有效解决证券买卖双方的信息不对称问题。但因新三板市场的主办券商照搬交易所市场券商的做法，存在"激励不兼容"难题，主办券商没有激励和动力从事新三板业务，导致中介服务效率低下，因而协议转让交易方式效率低下，甚至无效率。协议转让失去了存在的市场基础，因此停止协议转让交易方式是合理的。而竞价交易让买卖双方直接进行撮合交易，在一定程度上解决了信息不对称的难题。

但竞价交易方式依然没有解决买卖双方的市场力量均衡问题。由于制度安排上的深层次原因，A股市场证券供不应求，而新三板恰恰又走向了另外一个极端，即证券供过于求。新三板市场投资者规模较小，根本满足不了众多挂牌公司的融资需求。集合竞价交易方式要有效率，对投资人适当性管理制度做出调整势在必行，即降低个人投资者的门槛是此交易方式发生作用的关键配套政策。因此，此次引进集合竞价交易制度，是新三板交易制度的推进迈出了一大步。但从短期来看，如果不调整投资者门槛，只有卖盘，而无买盘，集合竞价交易也不会发挥其应有的市场功能，市场的流动性依然得不到根本性改善。

本轮交易制度的改革并没有走到终点，或者可以说只是刚刚开始，未来有很大的改善空间，主要包括：一是集合竞价交易本身在经过一段时间的市场运行之后，是否有无可能调整为连续竞价交易。二是竞价交易机制健康运行的前提和基础是市场买卖双方的力量要均衡。目前新三板证券供给明显大于证券需求，投资者规模不足。市场供需结构性矛盾不解决，任何其他制度安排都不可能从根本上改变市场流动性。三是完善做市商交易制度迫在眉睫。让非券商机构尽快参与做市，一是可以扩大做市商的规模，二是增加做市商之间的竞争，提高市场交易效率。最后，新三板交易制度最终完善的方向应该是实施混合性交易制度，即同一只股票在做市交易的同时，也可以同时进行竞价交易，以打破做市商的垄断地位，提高市场交易效率。

（本文系 2017 年 12 月 25 日作者接受《证券时报》记者王小伟的采访）

新三板推出摘牌制度势在必行

新三板经过前五年高速发展后，2018 年可能迎来增长的"拐点"，摘牌企业将多于挂牌企业，进入"负增长"时代。为规范企业摘牌行为和保护投资者合法权益，由此构建一个真正市场化的资本市场，新三板推出市场化的摘牌制度势在必行。

一、企业摘牌现状与趋势

据 choice 数据统计，新三板 2015 年和 2016 年分别有 13 家和 56 家企业摘牌，而 2017 年企业摘牌大幅度增加，达到创纪录的 708 家。2018 年第一季度，达到 299 家，2017 年同期只有 53 家，是 2017 年同期的 5.64 倍。如果深究 2017 年和 2018 年第一季度挂牌公司摘牌的情形，基本上也就清楚了企业大量摘牌的深层次原因。2016 年的 56 家摘牌企业中，只有 3 家企业主动申请终止挂牌，占比仅为 5.4%。而在 2017 年的 708 家摘牌企业中，有 607 家是挂牌公司主动申请终止挂牌，占比约为 86%。"转板"摘牌和被上市公司合并的共有 35 家，占比也仅约为 5%。其他原因终止摘牌的为 67 家，占比约为 9%。在 2018 年第一季度摘牌的 299 家企业中，只有三家企业是"转板"摘牌，而主动申请终止挂牌的企业则有 296 家，占比近 99%。以上数据表明，2017 年和 2018 年第一季度，主动申请摘牌的企业大幅度上升。按照目前的摘牌速度，2018 年摘牌突破 1000 家应该是大概率事件。如果 2018 年新三板的政策环境和市场环境没有较大的有利变动因素，摘牌突破 1500 家，甚至达到 2000 家，也应该是意料之中的事情。

二、企业摘牌的深层次原因

2017 年至今，新三板公司摘牌数量激增，挂牌数量大幅度下降，已进入"负增长"时代，值得探究其深层次原因。

首先，差异化制度供给不及时可能推动摘牌的基本原因。2016 年 6 月市场分层管理制度推出来后，市场预期可能很快会出台相关配套政策措施。不管是国务院和证监会，抑或是"股转系统"，也都在各种场合表明要很快会出台相关配套制度，给了市场较好的预期。但结果利好政策并没有如市场预期而至，市场信心于是一路向下。虽然2017年底出台了三大"新政"，但由于此次"新政"并没有达到市场预期，"新政"的象征性意义大于实质性意义，故市场对"新政"的反应并没有多大正面的效应，目前市场信心基本上跌至了谷底。这从挂牌公司摘牌数量激增和两大指数的走势就可以窥见一斑。

其次，摘牌是成本收益权衡后的理性选择。"股转系统"近两年积极响应党中央、国务院和证监会的号召，在大力发展市场的同时，把加强监管作为工作的重中之重，以守住不发生系统性金融风险的底线。在新三板目前不能根本性改善流动性的市场环境下，加强监管无疑会增加挂牌公司的成本，这种成本不仅包括显性的财务成本，还包括隐性的规范性成本。挂牌公司作为理性的市场主体，从成本收益角度会做出权衡，如果这个市场未来的发展看不到希望，并且当下在新三板市场的挂牌成本较大收益较小，甚至完全没有收益的情况下，摘牌就是企业较为明智的理性选择。

再次，受A股市场IPO政策的影响。2015年市场非正常高涨后，市场流动性每况愈下，新三板很难满足优质公司的融资需求。同时受A股IPO绿色通道政策及IPO提速的影响，2017年很多新三板优质公司提高了到A股上市的预期，纷纷启动了IPO计划，大部分优质公司摘牌原因皆缘于此。目前A股IPO门槛显著提高，可能也会在一定程度上影响大多数新三板挂牌公司到A股IPO的预期，因IPO预期企业摘牌可能在一定程度上会有所降低。由于沪深交易所和新三板这两个市场的市场化改革目前远没有到位，在相当长的时间内，会呈现此消彼长的关系，A股政策会直接影响新三板企业的市场行为。

最后，主办券商也成为推动企业摘牌的一个重要因素。在2017年

A 股市场 IPO 大提速的政策影响下，大多数主办券商调整公司经营策略，把资源和经营重点放到了 IPO 业务上，原本就是"鸡肋"的新三板业务其性价比越来越低。很多主办券商，特别是品牌券商，大力缩编新三板业务团队，要么把其合并到原来的投行部门，要么干脆把新三板业务部门和团队砍掉。所服务的挂牌公司要么转让给其他愿意接手的小券商，要么利用各种理由劝其摘牌，主办券商目前业已成为推动新三板企业摘牌的一股重要力量。

三、新三板推出摘牌制度势在必行

以上导致企业摘牌的因素在 2018 年可能不会有较大变化，甚至因为实质性利好政府没有出台，市场信心依然大幅度下降，还会导致企业摘牌数量大增。为了规范挂牌公司的摘牌行为，保护投资者的合法权益，构建一个真正市场化的资本市场，推出市场化、常态化的摘牌制度势在必行。

1. 市场化的资本市场需要市场化的摘牌制度

新三板与沪深交易所市场本质上的不同在于制度安排的市场化。新三板不管是企业挂牌，还是股票的发行和交易，以及自律性监管方面，其制度安排基本上遵行了市场化的基本原则。但"股转系统"从 2012 年 9 月成立运行至今，摘牌制度千呼万唤不出来。《全国中小企业股份转让系统挂牌公司股票终止挂牌实施细则（征求意见稿）》（以下简称《征求意见稿》）从 2016 年 10 月颁布到现在已经一年半了，至今没有推向市场。摘牌制度是新三板市场化的基础性制度安排，与挂牌的市场准入制度具有同等的重要性。一个真正市场化的资本市场，既要有市场化的准入制度，同时也应该有市场的摘牌或退市制度。新三板经过五年的高速发展，目前已经到了"提质增效"的发展阶段，其中建立市场化和常态化的摘牌制度,防止和杜绝劣币驱良币的行为,提高投资人的风险识别能力,保护投资人的合法权益,优化资源配置,也是"提质增效"的重要制度安排之一。新三板应该吸取 A 股市场的教训,要绝对避免再走 A 股市场的老路。A 股市场从 20 世纪 90 年代开始建立,到目前已经有二十七八年的发展历程,但时至今日,既没有解决市场化的准入问题,也同样没有解决市场化的退出问题,结果导致连续几年亏损的上市公司,其"壳"价值高达三十四亿元人民币的天价,使市场价格远离公司的真实价值,这在全球资本市场发展史上都是极为奇特的制度安排和市场现象。如果新三板的摘牌制度迟迟不推向市场,可能新三板也到了要"炒壳"的时候了。制度安排如果错过了最佳的推出"窗口期",市场就会付出极大的成本,这种成本不仅是显性的微观主体所要付出的财务成本,更重要的是市场发展所要付出的机会成本。

2. 推出摘牌制度需要关注的重要问题

根据 2016 年 10 月颁布的《征求意见稿》的相关内容,以及借鉴国际资本市场的成熟经验,同时吸取 A 股的退市制度安排,新三板即将推出的摘牌制度,需要重点关注以下几个重要问题。

(1) 关于投资者合法权益的保护问题。《征求意见稿》在第四章就投资者合法权益的保护作了相关规定。其核心内容是挂牌公司,不管是主动申请摘牌,或是被强制摘牌的,都需要对异议股东的诉求及保护措施做出相关安排,或者设立专门基金,对股东进行补偿,并要求挂牌公司进行相关信息披露。但本部分内容只是提出了问题,并没有提出解决此问题的具体措施,哪怕是原则性框架都没有做出相关规定。如果挂牌公司在摘牌申请过程中,出现实际控制人利用大股东地位做出侵害中小股东利益的相关安排,或者出现小股东对大股东漫天要价,致使异议股东和实际控制人不能够迅速达成一致的利益安排,"股转系统"将如何处理？投资者合法权益保护的基本原则和界限是什么？具体的操作措施是什么？这些问题都需要做出相应的制度安排。

（2）建议在摘牌中试行集体诉讼制度。新三板目前以自律监管为主，法律监管相对较弱。《证券法》原则上是针对"上市公众公司"的监管，对"非上市公众公司"的监管目前还只是由《非上市公众公司监督管理办法》的行政监管措施监管，力度相对较弱。因此对投资者合法权益的保护并没有上升到法律层面。如果此次《证券法》的修改并没有将此纳入增加的内容范畴，对新三板市场长期持续健康发展将会是最大的阻碍，一个缺乏对中小投资者保护的证券市场不可能具备持续稳定发展的基础。为有效填补新三板保护中小投资者合法权益的法律真空，我们建议在行政监管层面，增加在新三板试行集体诉讼制度的相关制度安排。作为成熟证券市场实行的保护中小投资者的法律制度安排，实践证明是有效可行的。新三板挂牌公司股东人数较少，且多为机构投资者，操作起来相对容易。不管是从必要性、可行性或操作的难易程度来看，新三板可能是中国资本市场里推行集体诉讼制度最合适的证券市场。如果在挂牌公司申请摘牌的过程中，出现大股东侵害中小股东合法权益的情形，一方面中小股东可以拿起这一武器保护自己的合法权益不受侵害，同时也为新三板推出市场化、常态化的摘牌制度提供相应的市场试错实践，为今后中国资本市场正式推出集体诉讼制度奠定市场基础和制度基础。

（3）须给予摘牌公司一定的申诉权利。虽然《征求意见稿》里第三章第二节规定了强制摘牌的程序，但相关内容实为强制摘牌的流程，并未给予摘牌公司一定的申诉权利。为了保护强制摘牌公司的合法权益，"股转系统"内部应设置相应的机构或层层递进的机制给予强制终止挂牌公司一定的申诉权利。在此方面，美国纳斯达克对新三板有很好的借鉴作用。其具体操作步骤如下：第一，纳斯达克内设的上市资格审查部，负责第一次判定企业是否满足上市的标准，并指出标的公司不符合上市条件的原因，发布退市决定和进行公开谴责。第二，在发布退市决定时，同时规定标的企业在收到退市决定书之后的规定期限内（180天），对不符合上市条件的事项提交整改计划并进行相应整改。第三，若整改后经判定（第二次）依未达标，则标的企业则可以选择向纳斯达克听证委员会上诉，否则纳斯达克会立即将该股票停牌。第四，如果上市公司对纳斯达克听证委员会的决定依然表示不服，可以继续向纳斯达克上市和听证审查委员会提起上诉。该委员会负责审查听证委员会的决定，并进行复议。第五，如果上市公司对上市和听证审查委员会的复议依然不满意，可以选择上诉到纳斯达克董事会以获得是否退市的最终决定。纳斯达克上述程序表明，上市公司如果犯了错，一方面，要给予上市公司一定的申诉权利，不能冤枉任何一个"好人"；另一方面，也要给予上市公司悔过自新并重新做人的机会。我们认为，在即将推出的摘牌制度中，应给予强制终止挂牌公司相应的申诉权利以免矫枉过正。

(此文删节版发表于《中国证券报》2018年4月18日，题目：新三板摘牌制度亟须完善)

夯实新三板基础性制度安排

2018年10月26日，股转公司发布《关于挂牌公司股票发行有关事项的规定》，在现行股票发行制度的基本框架下，继续完善新三板股票发行制度，以进一步夯实新三板的基础性制度安排。

本次股票发行制度改革，出台了关联认购者的回避表决制度及授权发行制度，对募集资金管理、特殊投资条款等监管要求进行正式制度化安排，以及出台了终止备案审查的制度安排。

1. 建立了股票发行关联认购者的回避表决制度

新三板是针对特定投资对象的股票发行制度。特定对象不仅包括符合投资者适当性管理规定的自然人投资者和法人投资者等外部投资者，也包括公司股东、董事、监事、高级管理人和核心员工等内部投资者。内、外部投资者在挂牌公司信息获取上处于非对称状态，内部投资者无疑在信息获取上处于优势地位，有动机也有能力利用信息优势，通过与发行人或与发行人核心信息提供者共谋等手段，以获取不正当权益。建立股票发行拟关联认购者的回避表决制度就是为了杜绝此类违法违规现象的发生，控制了股票发行过程的操作风险和道德风险。这样的制度安排，一方面维护了证券市场"公平、公正和公开"的"三公"原则，保护了投资者的合法权益；另一方面也完善了挂牌企业的公司治理结构，有利于夯实证券市场的微观市场基础。

2. 建立了股票授权发行制度

新三板市场经过几年的市场发展，已建立起"小额、快速和多轮"的融资特色，符合挂牌公司的融资需求。"小额、快速和多轮"的融资特色体现了新三板为中小型企业服务的市场定位。本次出台的股票授权发行制度，是指董事会在满足股东大会授权的前置条件下，董事会自行决定其股票发行事宜。其前置条件包括：授权期限至多不超过12个月；股票发行金额不超过1000万元；授权股票发行的基本构成要素和负面清单。授权发行制度简化了挂牌公司股票发行的内部决策审批程序，融资效率，进一步体现了新三板"小额、快速和多轮"的融资特色和为中小微企业服务的市场定位，是新三板股票发行制度的一次创新之举。

3. 对募集资金管理、特殊投资条款,以及资产认购等监管要求的正式制度化安排

对募集资金的管理和认购协议中特殊条款的监管要求从《挂牌公司股票发行常见问题解答(三)》上升为监管的规章制度,进行正式的制度化安排,一方面有助于提高监管的权威性和实施的有效性,更为重要的是,此举防止了大股东利用其地位挪用公司募集资金和不按照事前的资金使用方向而进行无效投资,降低了股票发行过程中的操作风险和道德风险。新三板挂牌公司的投资者大部分为机构投资者,大多数VC/PE机构都把新三板的创新企业作为优质的投资标的。VC/PE为了控制投资的各种风险,大多与拟挂牌公司或挂牌公司签署投资认购的特殊条款,比如,业绩补偿和回购等条款。此类条款可能与现行的法律规范不尽一致,如何协调处理两者之间的矛盾在市场实践中面临较大难题。本次发行制度改革,一是规定了此类条款生效的内部决策程序,应当经董事会和股东大会审议通过,二是明确列示此类条款生效的负面清单。比如说,挂牌公司不能作为业绩对赌和回购的义务承担主体,以及对投资者的保护性条款——"一票否决权"。此种制度安排考虑到了新三板市场运行过程中的法律实践,与证券市场现行法律法规起到了较好的衔接作用。

4. 进行了股票发行期间终止备案审查的制度安排

本次改革明确规定了终止备案审查的六种情形,以及需要满足的相应监管要求,是本次改革的一大亮点。这完善了股票发行中股转公司的备案审查流程,填补了业务细则和业务指南里的监管真空地带,防止挂牌公司在股票发行期间利用制度的不完善进行监管套利,保护投资者的合法权益。

(本文发表于《上海证券报》2018年11月7日)

新三板继续夯实基础性制度安排

2018年10月26日,股转公司发布《关于挂牌公司股票发行有关事项的规定》、《非上市公众公司重大资产重组业务指引》以及《做市商评价办法(试行)》,就股票发行、重大资产重组及做市商制度等方面进行变革。本轮变革是对现行制度框架的优化和完善,以进一步夯实新三板的基础性制度安排,为今后的"增量"改革奠定坚实的市场基础和制度基础。

一、变革的背景、时机与意义

一是科技创新离不开强大金融体系的支持。新三板经过五六年的发展,具备了支持科技创新的市场基础和制度基础。但离成为市场化、法制化和国际化的资本市场的目标还相去甚远,需要不断完善现有制度的不足,更需要不断地突破、创新传统的制度桎梏。本次新三板改革,在这样的国际大背景下推出,更加坚定了我们发展和改革新三板的信心和决心,以期在不远的将来,真正把新三板打造成为支持创新的资本市场体系,为中国的创新经济做出贡献。

二是在深化供给侧结构性改革的背景下出台的。目前中国经济处于结构性转型的关键时期,国家希望通过供给侧结构性改革,以实现经济结构转型的目标。从本次改革的内容看,其显著特色是"降成本",不管是显性的财务成本,还是隐性的机会成本。此举是供给侧结构性改革中"三去、一降、一补"的基本内容,是落实供给侧结构性改革在金融领域的具体表现。

三是在资本市场市场化改革的大背景下出台的。新三板作为中国多层次资本市场的有机组成部分,肩负着中国资本市场体系市场化改革的重任。与中国经济结构转型相匹配,中国资本市场改革的目标是要建立一个真正市场化、法制化和国际化的资本市场。新三板本次改革出台的各项政策,都是围绕这一改革目标进行各种制度创新,其目的都是为了降低市场交易成本,以提高金融市场服务实体经济的能力。

四是新三板在"提质增效"发展阶段改革的需要。本次的改革举措并不是"增量"改革,而是进行的"存量"改革,是对现行基础性制度的进一步优化和完善,其目的是夯实现行的制度基础,为将来时机成熟时的"增量"改革奠定较好的市场基础和制度基础。

二、变革的主要内容和特色

本次变革着重于股票发行、重大资产重组及做市商交易等制度的变革。其显著特色体现了金融领域内的供给侧结构性改革,通过"降成本"以提高金融服务实体经济的能力。

股票发行制度改革。首先,关联认购人的回避表决制度,防止关联认购者利用信息优势谋取不正当利益,建立了维护证券市场"公平、公正、公开"的"三公"原则,有利于夯实新三板的微观市场基础。其次,出台股票授权发行制度,简化了股票发行过程中挂牌公司的内部决策审批程序,节省融资时间,降低融资的机会成本,提高融资效率。再次,对募集资金管理的监管要求从《挂牌公司股票发行常见问题解答(三)》上升为监管的规章制度,进行正式的制度化安排,一方面有助于提高监管的权威性和实施的有效性;另一方面此举也防止了大股东利用其地位挪用公司募集资金和不按照事前的资金使用方向而进行的无效投资,降低了股票发行过程中的操作风险和道德风险。对"特殊认购条款"的正式制度安排,考虑到了市场运行过程中的法律实践,与现行证券市场法律法规起到了较好的衔接作用。最后，对股票发行期间终止备案审查的制度安排，完善了股票发行中股转公司的备案审查流程，填补了《业务细则》和《业务指南》里的监管真空地带，防止了挂牌公司在股票发行期间利用制度的不完善进行监管套利，保护了投资者的合法权益。

重大资产重组变革。本次重大资产重组改革，挂牌公司通过"定向发行"股票方式募集资金以购买重大资产，不再受合格投资者35人的限制。

《做市商评价办法（试行）》出台。做市商交易制度是证券场外市场的核心交易制度。新三板自2014年8月实施做市交易制度以来，经过了四年多的发展，已经建立起基本的做市交易流程和框架性制度安排。但做市交易制度目前也存在诸多不足，其中主要表现之一就是做市商没有动力和激励积极参与做市。本次《做市商评价办法（试行）》出台，希望通过对做市商的市场表现进行客观、公正的考评，做市商不同的市场业绩表现将获得不同的转让手续费的减免，直接降低做市商做市交易的成本，从而引导和激励做市商积极参与做市。

本次三项变革的一个显著共同的特色就是"降成本"，即降低股票发行的融资成本，提供融资便利性，以达到提高融资效率的目的，是金融领域内的供给侧结构性改革。"授权发行制度"旨在节省挂牌公司的融资时间，降低机会成本，提高融资效率；通过放开重大资产重组中对合格投资者35人的限制，旨在使挂牌公司能够扩大投资者对象的范围，以迅速扩大融资规模与提高融资效率，降低资产重组因融资不到位而带来的重大资产重组失败的机会成本。而对做市商进行评价的制度安排，更是直接降低做市商的财务成本，引导和激励新三板做市商积极参与做市，在一定程度上解决了做市商参与做市激励与动力不足的难题。

三、变革亟待在"增量"上取得突破

本次变革不管是股票发行还是股票交易,只是对现行制度的进一步优化和完善,即所谓的"存量"改革。但要建立一个市场化、法制化和国际化的资本市场,亟待在"增量"改革中取得突破。

股票发行制度的"增量"改革。首先,股票发行的法制监管亟待加强和提高。新三板的股票发行实现了市场化,但在市场化股票发行过程中,有的挂牌公司因法制观念淡薄,财务造假和欺诈发行现象时有发生,损害了投资者的合法权益,不利于新三板长期健康发展。新三板的自律监管对此"心有余而力不足",目前的自律监管原则和监管框架对违法违规市场主体的处罚力度不够是不争的事实。如何在自律监管的基础上加强法制监管,是监管机构、股转公司、证券服务机构、挂牌公司和投资机构等市场主体共同面临的挑战。其次,股票发行制度的创新有进一步改善的空间。新三板是专门为创新创业型企业服务的资本市场,因此需要较高风险识别能力和较强风险承受能力的机构投资者。市场实践也证明,新三板70%左右的投资者是VC/PE等风险投资机构,PE投资者为了有效控制投资风险,大都会与挂牌公司签署特殊的投资认购条款,但这些条款又往往与现行法律法规相抵触。如果新三板不考虑其市场定位及其服务对象的特殊性,采取"一刀切"的方式,有可能造成对投资者的权益保护不力,从而影响市场的健康发展。为此,我们可以有选择性地借鉴西方发达证券市场或香港证券交易所的做法,对此类型的特殊股票采取"同股不同权"的制度安排,提高市场的整体风险识别能力和增强市场的整体风险承受能力,以促进市场的创新活力和持续健康发展。最后,进一步探索新三板基本发行制度的创新。基于目前新三板是证券场外市场的定位,因此其基本发行制度是市场化的"定向发

行"制度。我们认为，目前证券场外市场的定位很大程度上阻碍了新三板基本发行制度的进一步创新。基于实现国家创新战略的需要，同时为中国经济结构转型奠定金融市场基础，构建一个支持创新的发达资本市场体系已刻不容缓。所以，借鉴美国纳斯达克的市场发展经验，有必要把原来新三板的证券场外市场定位调整为混合市场，即在进一步分层的基础上，把最高的市场层级定位为证券场内市场，其他层级市场定位为证券场外市场，从而在不同市场层级探索差异化的证券发行制度，在新三板实现基本发行制度的创新，以实现金融市场服务国家创新战略的需要。

做市商交易制度的"增量"改革。首先，A股市场的券商可以根据自身的资源、机会和能力决定是否参与新三板的做市业务，监管机构不能把券商参与新三板做市作为纳入考核的范畴。其次，放开非券商机构参与做市，比如PE机构、养老基金、保险基金等机构投资者，以构建一个多元化做市主体的竞争型做市制度。最后，培育专业、专一和专注的做市商市场主体。不管是券商，还是其他类型的机构投资者，都是从事多种业务，其做市业务可能只是其中的一个业务方向，专业度和专注度都不高。缺乏专业的做市商主体，不利于新三板构建一个较为完善的做市交易市场。因此，新三板需要培育专业的做市商主体。

（本文发表于《金融时报》2018年11月8日）

Ⅳ

新三板的改革与发展

2013年的改革奠定了新三板市场化的基础性制度框架，新三板迈入规模化发展阶段，但融资效率低、交易不活跃，以及流动性严重不足阻碍了市场的健康发展。近几年的改革举措都在不断完善基础性制度架构。提出的深化改革是自股转公司成立以来最为深入、全面和彻底的改革，赋予了新三板核心的市场功能，将新三板带入高质量发展新阶段。

新三板历史性大发展：机遇与挑战

感谢大家今天能够来参与论坛和讨论。特别感谢国家金融与发展实验室以及中国社会科学院金融研究所能够给我们这样一个机会，使我们一家民营研究机构能参与到新三板市场的研究，为这个市场的健康发展尽一点力量。感谢媒体朋友和各位嘉宾朋友能够参与今天的讨论。在我看来，新三板面临历史性大发展的机遇，但同时面临较大的挑战。

一、为何如此看好新三板

（一）理论视角

哈佛大学的管理学大师克里斯坦森提出"破坏式创新理论"。他认为在一个市场当中市场主体要生存和发展一定要有创新。他从企业所处的发展阶段、市场定位和资源禀赋这三个角度把创新分为三类：一是维持性创新，即通过创新的技术向现有的市场、客户提供更好的产品；二是低端破坏式创新，即以低成本的方式向被过分满足的客户提供产品和服务；三是新市场破坏创新，即开启一个新的市场。以手机为例，苹果、华为应该是一种维持性创新，而小米是低端破坏性创新。如果还能够开发一种手机，这种手机是专门针对某一个特定市场，比如说老人的市场、孩子的市场，它就是新市场破坏创新。一般来说，市场的在位者倾向于维持性创新，市场的新进入者倾向于低端破坏式创新和新市场破坏创新。处于低端破坏式市场和新市场的市场新进入者，经过不断的成长，会对成熟市场进行冲击，这就是创新发展的路径。

（二）交易所市场的改革是维持性创新

把这个理论框架拿来研究中国的资本市场，我们认为，交易所市场，包括上交所、深交所的创新是属于维持性创新，因为这个市场定位在对大中型成熟企业提供服务，准入门槛高，上市成本高，不仅仅是显性的财务成本，还包括隐性的机会成本，并且制度安排是非市场化的。新三板市场是破坏式创新，市场定位是专门为中小型企业提供服务，准入门槛低、挂牌成本很低，机会成本很低，制度安排是市场化的。交易所市场从20世纪90年代到现在，经过了以下几个方面的市场。1992年开设B股市场，2001年B股开始对国内投资者开放，2004年开设中小板，2009年开设创业板。在制度创新方面，2001年由审批制转向核准制，2005年的股权分置改革，这都是在证券发行制度和证券交易和流通制度方面的改革，这种改革我们为什么不认为它是破坏性创新而是维持性创新呢？因为它是在原有制度框架内的调整。大家熟知的，2004年开设的中小板，2009年开设的创业板，按照国家原本的意思，是想把它打造像现在新三板这样的市场。但由于是在原有制度框架内的设计和安排，最终导致成为主板市场的一部分。我们认为，基于制度的路径依赖、基于中国惯常的改革方式，以及既得利益团体不欢迎改革，交易所市场的改革是在原有的市场和制度框架下的维持性创新。由此我们可以得出结论，交易所市场的颠覆式创新不可能，渐进式改革是常态。基于中国经济结构转型所需要的资本市场的紧迫性，交易所市场的改革可能并不代表中国资本市场未来的发展方向。

（三）新三板属于典型的破坏式创新

新三板的市场定位是专门为创新创业型中小微企业提供服务。从它的准入门槛、业务体系、制度安排等方面来看，我们认为它对中国资本市场改革进程的影响在于打破了资本市场原有的生态平衡，为资本市场的市场化改革找到了一个突破口。因此，我们认为，在中国近三十年的资本市场改革和发展当中，它是中国资本市场最重要、最重大的制度创新。但是这个创新有它的不足，主要表现在三个方面：一是现有的监管框架可能影响新三板的市场化进程；二是市场的主要组织者券商完全是交易所市场的券商，从事新三板业务的激励与动力不足，这很有可能成为新三板市场化最大的障碍；三是股转公司目前的股东是上交所、深交所等七家股东。这七家股东里，其中上交所、深交所以及中国证券登记结算有限公司三家共占有股份60%，它们三个完全有可能成为"一致行动人"。从公司治理结构的角度来看，这三点有可能成为新三板创新动力的制约因素。这是我从破坏式创新理论的角度看新三板。我们分析问题得有依据，破坏式创新理论可以成为分析新三板的一个理论视角。

二、新三板面临的机遇与挑战

（一）新三板面临的历史性大发展机遇

一是从中国金融市场结构的角度看。中国金融市场结构是以间接融资体系为主的结构，这样的结构导致了目前的"高杠杆"，这种高杠杆有可能成为引发金融危机和经济危机的诱因。现在我们要去杠杆，一个重要的途径是加大证券市场、股权资本市场的发展。

二是从实施国家创新战略角度来看。新三板是从2006年开始的，它是让中关村高新科技园区的非上市股份公司加入证券公司股份代办转让系统，它起初的动因就是为了落实国家的创新战略。国家要创新，创新靠什么？创新靠科技，科技要产业化靠什么？靠资本市场和金融。科技和金融是"创新"这辆马车的两个轮子，缺少任何一个轮子都是不行的。从这样的角度来讲，我们需要为落实国家创新战略开辟一个资本市场，而现有的商业银行体系对创业企业不提供支持，现有的交易所市场制度安排也不为创新企业提供支持，那这个市场会是哪个市场呢？一个是PE市场，还有一个市场，那就是新三板。

三是从中国经济结构的转型角度看。中国经济结构要转型，转型要靠企业。企业要有自主的知识产权，企业要创新。创新包含两个方面的创新，一个是科技的创新，要有科技含量、发明专利，另一个是商业模式的创新。到底哪些创新是真正能够符合市场的发展，我们要依靠市场去选择，这个市场由谁来选择？由投资人来选择，哪些产业应该遭到淘汰、哪些企业应该遭到淘汰？这个由投资人去选择。这是现在金融市场要解决的根本问题。中国资本市场从20世纪90年代开始，到现在三十多年，我们还不是真正市场化的资本市场。这样长期下去，经济结构转型的金融市场基础没有，这是从宏观层面来看，我们一定需要这样一个资本市场，能够为中国的创新经济服务。从微观基础来看，大量创新企业涌现。有一个数据，从近两年到三年全球申请的发明专利来看，增量我们已经排到全球第一位，存量排在第三。对中国市场来讲，我们不缺乏创意和创新。我们天天和企业打交道，在这方面的感受颇深。如果要用一句话来形容中国的宏观经济，那就是"冰火两重天"。传统企业过得很艰难，但是创新企业不愁找不到资本。我国居民高储蓄率，老百姓有足够多的资本。目前金融市场存在的问题是，一方面，我们的老百姓很有钱；另一方面，创新企业、中小型企业又特别缺钱，看似一个矛盾的现象，其实一点儿都不矛盾。中间就缺乏一根管道，把老百姓的钱导流到创新企业里面去，这根管道就是我们所说的金融市场深化问题，要把管道疏通。从投资人的角度来看，资本市场经过二三十年发展已经积累了大量的投资人，数量庞大，并且投资人的风险识别能力和承受能力越来越强，因此有很好的微观市场基础。

四是从新三板本身的发展来看。新三板目前已有一定的市场基础。截至2016年8月26日，挂牌企业8877家，2016年超过10000家基本上是板上钉钉的事情；其次有一定的制度基础。新三板从2012年成立到现在三年多的时间，市场化制度的基本框架已经形成了；最后，有一定的运营管理经验。怎么发行，怎么管理，怎么监管，已经有了一定的经验。以上不管从宏观层面、微观层面，还是市场本身的运营管理来看，新三板都面临历史性的大发展机遇。

(二) 新三板面临的挑战

我们把新三板的发展分为三个阶段。2006～2012年，是试点阶段。

在这个阶段，市场范围窄、市场规模小、发展缓慢，是非市场化的制度安排。2013~2015年，是市场化制度框架初步形成的阶段。不管是挂牌公司的市场准入、股票发行、交易和监管等方面，已经建立起了初步的市场框架。特别是从2016年6月27日市场分层管理制度实施以来，我们认为新三板进入了第三个阶段，即市场化制度的完善阶段。在这样一个阶段，需要做一些什么样的事情？一是完善市场分层管理制度。市场分层制度现在虽然推出来了，但是还有一些问题，配套政策没跟上；二是完善股票交易制度，特别是做市商交易制度，做市商交易制度是证券场外市场的核心交易机制；三是完善投资者适当性管理制度；四是推出"转板"制度和退市制度；五是择机推出集合竞价交易制度。这个阶段我们需要用三年到五年的时间来完成，一年推出一到两个制度是可以的。三年到五年以后，从2021年开始可能就是真正市场化、国际化和法制化的新三板。国际化怎么理解？我们有没有可能让硅谷的创新创业企业到新三板挂牌？有没有可能让全球的创业创新企业到新三板来挂牌、融资和并购？这是我们的构想和期望。

现在新三板出现了很多问题，2015年市场高涨的时候没有人说它不好，市场有问题的时候也没有几个人说它好，我们到底应该如何看待新三板？要从三个角度来看：其一，要以历史的视角来审视新三板，新三板的基因是创新，交易所市场的基因是为国有企业解困，这是很重要的区别。任何市场的发展有一个过程，我们要给新三板市场发展的时间，新三板就搞了三年的时间你希望它的流动性像主板那么好，这怎么可能？其二，要用辩证的思维看待新三板。市场好的时候要看到问题的存在，市场不好的时候要看到新三板好的制度安排到底是什么。其三，一定要用发展的眼光看待这个问题。新三板现在存在的问题是发展当中的问题，这些问题的存在是正常的，任何一个市场不可能一蹴而就，不可能一下就变得很好，因此我们现在对待这个市场，不管是监管机构也好，挂牌公司也好，投资人也好，我们要有耐心地看待这个市场。

在我的眼中，新三板到底是一个什么市场？新三板是一个高成长性的资本市场，新三板是一个正在市场化制度完善之中的资本市场，新三板是一个高风险的资本市场，但同时它也是一个价值投资市场。在中国的多层次资本市场体系中，最具有投资价值的不是交易所市场，而是新三板。

我们看待新三板的改革路径，应该把它放到多层次资本市场体系里面来看。交易所市场注册制改革千呼万唤不出来，为什么？改革过程当中，当所有市场主体都不欢迎改革的时候，这个改革怎么推动？我的基本观点是，我们要把新三板看成增量市场，当存量市场改不动的时候，我们新开辟一个市场，由这个增量市场的改革来带动存量市场的改革。新三板目前的问题怎么解决？监管体系有可能独立于目前的交易所市场的监管体系吗？这个问题很重要。破坏式创新理论要求全要素要匹配，现在新三板的全要素不匹配。全要素匹配是什么？"微信"之前有一个"飞信"，为什么"微信"活了而"飞信"死了呢？就是因为在创新当中，"飞信"是由原有的团队和原有的体系来推动它创新的。但是由于它损害了原有利益群体的利益，改革推不动，所以死了。"微信"为什么活了？马化腾搞"微信"的时候，单独设立一个部门，不管是投入也好、管理也好，完全是一个独立的部门，"微信"就活了。我们目前在思考新三板市场化进程的时候，有两个层面的问题，一个是监管体系有没有可能独立于现有的交易所市场监管体系。上交所和深交所有可能不做"股转公司"的股东吗？我们有没有可能让中投公司当"股转公司"的股东呢？当这个母公司不想子公司发展的时候，子公司怎么发展呢？涉及的另一个深层次问题是：场内市场和场外市场是否需要构建竞争性的制度安排？这是问题的关键。

三、新三板未来的趋势和方向

市场化一定是我们要坚持的基本方向，不管是证券的发行、交易和监管都要是市场化的方向。新三板以民营化企业作为市场主体。目前交易所市场基本上以央企和国企为主，一个市场如果以央企和国企为主的话，如果不在制度上有重大创新，这个市场很难有持续发展的可能性。现在新三板民营企业占到近97%，这个一定要坚持，这是创新的动力和源泉。另外，一定要坚持国际化的发展方向，在新三板放开资本项目的管制，让全球的优秀创新企业到新三板上市、融资和并购。

新三板对中国经济的深远影响，用四句话来概括，这四句话也是我2015年1月5日在《人民日报》上发表的核心内容。新三板是国家创新战略的金融市场支撑，是中国经济结构转型的金融市场基础，是中国资本市场深化改革的突破口，代表了中国创新经济的发展方向。新三板将培育中国的创新文化，这种文化将鼓励创新，包容失败。对新三板的未来展望，新三板目前的市值近3.5万亿元的市值，2017年有可能超过创业板市值，三年以后有可能超过深交所的市值，五年以后有可能超过上交所的市值，八年以后有可能超过纳斯达克，十年以后有可能超过纽约证券交易所。十年以后，我们再来看新三板，它有可能成为全球最大的资本市场。

最后，大家要有三个"相信"：

相信"创新"的力量；

相信"市场"的力量；

相信"制度"的力量。

（本文系2016年8月28日作者在中国新三板发展战略高层论坛暨《中国新三板发展报告（2016）》发布会上的演讲内容整理）

新三板终将守得云开见月明

2017 年已走过大半，然而对许多坚守在新三板上的投资机构来说，春天远未来到：做市指数持续下跌、退出渠道不畅、利好政策持续落空、市场监管仍待加强……在一片萧瑟气氛中，黯然退场者有之，而趁机加速布局者亦有之。

在作者看来，当下反而是投资新三板的最佳时期，无论是投资拟 IPO 标的还是并购市场都大有可为；对于新三板的未来，作者更是坚定不移地看好，并对目前市场发展面临的困境提出了自己的建议。

一、低迷行情下的迷思

2015 年上半年随着大盘的高歌猛进，新三板也迎来一波强劲上涨的行情，然而好景不长，做市指数在突破 2500 点历史高点之后便"跌跌不休"了两年多，至今离 1000 点基准点位已相距不远；尽管 2016 年 6 月的市场分层管理制度出台，然而流动性不足交投低迷的现状仍在持续，市场各方呼吁的差异化制度尚在襁褓之中，部分参与者的态度已渐趋悲观。

新三板目前的情况与整个资本市场大气候有关，而根本原因则是新三板参与主体对新市场期望太高，分层制度下差异化的制度安排没有如期而至。目前无论是个人投资者还是机构投资者，对于新三板投资都缺乏正确的市场认知，仍寄希望于未来一两年便获得高收益，通过短线操作赚钱，价值投资意识尚不到位。

关于新三板准入门槛的议论，现在新三板进入了从追求"量"到提升"质"的阶段，新兴产业和创新型公司的准入门槛和传统产业门槛要有区别；对券商而言，目前存在 A 股市场赚钱新三板不赚钱的"激励不兼容"状况，加之 IPO 审核提速使部分品牌券商已经在缩减甚至取消新三板团队。另外，仅仅只允许券商作为做市商主体显然也不是市场化的安排，许多券商没有做市的动力与激励，一定程度上也抑制了市场流动性。

对于个人投资者准入门槛，这是最核心的制度安排，也是一个绕不开的话题，对标 A 股市场不断增长的投资者数量，新三板市场当下供需结构严重失衡，1 万多家企业面对的合格投资者只有 20 多万户，显然对市场而言"供大于求"。

不过目前新三板的这些问题是发展中必然会遇到的，要用历史的视角、辩证的思维和发展的眼光来看待新三板，新三板为中小企业累计完成定增融资近 3500 亿元已经是很大的成绩了，而且作为实施国家创新战略的金融市场，新三板没有历史包袱，所有制度都可以尝试，这些问题都挡不住创新的力量、制度的力量。

二、五大建议突破发展瓶颈

新三板当下现状有目共睹，对于如何解决面临难题市场各方也是各抒己见。新三板目前的制度应从创新证券发行制度、调整市场准入门槛、完善市场交易制度、优化市场资源配置、加强市场监管等方面进行相应的制度安排。

首先，在市场分层的基础上，在精选层推行真正市场化的证券发行制度——注册制。

新三板对于个人投资者门槛应该降低，但是在增加投资者数量时，一定要有差异化制度安排从而提高投资者的风险识别能力，例如，投资基础层企业门槛是 500 万元，投资创新层企业则可以降至 200 万元，甚至是 100 万元；对于机构投资者，门槛需要提高，目的是要引导有长期资本的机构投资，并且应鼓励保险基金、养老基金等长期资金入场。

在交易制度方面，做市商制度存在的问题是做市商的数量、规模跟不上市场发展的需求，非券商机构参与做市不仅迟迟未见落地，而且设置了较高的门槛，因此要扩大做市的市场主体，让非券商机构参与做市。另外，放开主办券商的特许经营制度，让具备能力的 FA（财务顾问）企业也有可能成为持有牌照的证券中介服务机构为挂牌公司提供挂牌和持续督导服务，提升中介机构服务效率。此外，应推出大宗交易制度满足市场上部分特殊交易需求，竞价交易则是分层完善后再考虑的事情。

在优化市场资源配置方面，目前新三板需要完善三个制度：一是退市制度，应尽快出台从而建立起市场化退市机制，优胜劣汰，提高市场质量；二是转板制度，要有和其他资本市场的连接通道；三是分层制度，这是差异化制度安排的基础性制度。分层制度还需要进一步完善。

在加强监管方面，目前新三板的监管制度还要进一步完善。新三板以自律监管为主，但要加强法律监管，作为市场组织机构和运营机构的全国股转公司应加强运营管理，可以借鉴纳斯达克的经验将监管机构和运营机构分开，例如将券商监管交给证券行业协会负责。

三、PE 投资机构要有价值发现和项目获取能力

金长川资本管理有限公司作为一家专注于新三板投资的 PE 机构，目睹新三板市场上的风云变幻与困顿现状，而现在恰恰是投资新三板的最佳时期，作为微观主体应该根据市场情况调整投资策略，例如延长退出期限，定位于投资拟 IPO 标的而不是较早期的项目。

随着 IPO 审核不断提速，投资新三板拟 IPO 企业俨然成为当下最热

门的投资策略，金长川资本也不例外。目前金长川资本基本上都是投资具备IPO条件的标的，在新三板投资通过A股退出是最基本策略；而在标的选择上，则更青睐TMT行业和文化创意产业而不是传统产业，偏爱轻资产公司而不是重资产公司。

除了Pre–IPO外，越来越多新三板公司成为上市公司的并购标的，这在许多机构眼里也是获益不菲的投资方向。新三板成为上市公司并购标的的池是一个必然趋势：大部分上市公司要进行专业转型，而新三板部分企业特别是新兴产业刚好契合了他们的要求达成战略协同；新三板公司作为公众公司，财务、法律方面相对规范，估值也较为清晰；此外新三板标的相对集中，信息搜集的机会成本很小。

目前新三板并购市场规模还很小，三五年之后一旦流动性改善，这个市场会相当火爆。

不过，新三板市场不同于A股市场，尽管前述Pre–IPO、并购策略与新三板所提倡的价值投资与创新投资在当下并行不悖，但是未来随着制度的完善，这些具有投机性的投资行为会慢慢淡出甚至消失，要取得高收益还是要坚持长时间的价值投资，新三板PE机构要有价值发现能力、持续获取优质项目的能力，以及为融资企业提供增值服务的能力。

（本文系2017年9月8日作者接受中国网财经记者胡雨和金易子的专访）

坚持市场化方向　纾解新三板两大矛盾

近四年来，全国股转系统不管是在挂牌企业家数、总市值和总股本，还是在股票发行和股票交易等方面，总体呈迅猛增长态势。但受资本市场大环境的影响，2016年以来，除挂牌企业数量延续前几年增长势头外，股票发行和交易规模增长呈现疲弱之相。新三板目前所面临的主要问题：

一是存在市场规模与市场质量之间的矛盾。总体市场规模发展起来了，但挂牌公司规模小，管理不规范，治理结构没有得到根本改善，融资问题没有得到有效解决。整个市场交易不活跃，市场的产业结构分布不符合新三板的市场定位。市场质量不管是从宏观层面或是从微观层面来看都亟待得到改善。

二是制度安排与市场发展速度不相匹配的矛盾。市场发展太快，制度安排跟不上市场发展。

（1）市场准入制度已不适应市场快速发展的要求。这些制度包括：①挂牌准入没有对战略性新兴产业进行有效引导，以及对一些特殊行业（如金融和类金融、新媒体）没有针对性的准入制度安排；②个人投资者门槛太高导致资本规模的增长跟不上挂牌公司对融资需求的增长，机构投资者门槛太低以致短期资金持有者充斥市场；③券商挂牌和做市处于垄断地位，作为理性的市场主体，因对新三板业务的动力和激励不足，导致服务的低效率和市场的低效率。

（2）股票发行和交易的核心问题是没有构建一个合理的价格形成机制。信息不对称、市场主体激励不足和资本供给不足等问题成为影响新三板形成合理价格机制的三大阻碍。调整投资者准入门槛，引入竞争性做市商交易制度，建立大宗交易平台，引入混合性交易机制是解决新三板股票发行和交易问题今后努力的方向。

（3）降低市场管理成本和监管成本，提高投资人风险识别能力，提高市场效率的"退市制度"的出台没有提上议事日程。满足挂牌公司高成长所伴随的对大规模融资需求的"转板制度"千呼万唤不出来。从根本上改变市场流动性的集合竞价交易制度没有明确的时间表。

（4）以自律为主的监管框架和监管制度有待进一步完善。目前的监管框架没有有效发挥行业协会自律性组织的作用,现有的监管制度没有上升到国家法律层面,差别化监管制度亟待建立,违规主体的法律责任有待进一步加强。

以上诸多制度安排的不足,大部分是"股转系统"自身在本阶段可以进一步解决和完善的。但有的制度安排,如投资人门槛问题,推出"转板"制度和集合竞价交易制度,以及完善监管框架和监管制度等问题,涉及场外市场和场内市场是否需要构建一种竞争性的制度安排,这需要从国家总体资本市场发展战略层面加以思考,落实这些制度安排是一个漫长过程。但无论时间如何漫长,市场化的方向一定要坚持,因为只有竞争才会有效率,只有让市场在资源配置中起决定性作用,新三板才会成为一个真正有效率的资本市场。

事实上,股转系统正式营运以来,新三板步入市场化发展阶段,在挂牌企业的市场准入、股票发行和交易,以及监管等方面建立起了市场化制度的基本框架。一是建立起了低门槛的市场准入制度;二是制定了小额、快速高效、低成本的股票发行制度;三是引入了做市商交易制度,构建起了以做市商交易制度为核心的股票交易制度;四是建立了以自律为主的监管框架和监管体系;五是建立了以反映市场趋势的新三板成分指数和做市指数。市场化的制度安排激发了巨大的市场活力,市场呈强劲增长,超常规发展。特别是2016年6月,新三板以实施市场分层管理制度为标志,步入市场化制度的完善阶段。

针对现阶段新三板存在的诸多问题与不足,我们需要以历史的视角审视它。要看到新三板有良好的市场基因,并且已经迈开了市场化发展的第一步。目前存在的问题是市场发展中必然存在的问题,这些问题也只能在市场发展中,通过恰当的制度安排予以解决。我们也需要用发展的眼光看待新三板。新三板将会弥补中国金融市场结构缺陷,为实施国家创新战略提供金融市场支撑，为经济结构转型奠定金融市场基础，以及成为资本市场化改革制度创新的试验田。

（本文发表于《中国证券报》2016年9月14日）

砥砺前行　创新发展

感谢各位嘉宾今天莅临现场参加论坛！特别感谢全国股转公司给我们民营研究机构这样的一个机会，为这个市场的发展贡献我们的一分力量。也特别感谢本次论坛的合作伙伴《中国证券报》给我们这样一个合作机会，能共同推进新三板市场健康发展，做出我们的些许贡献。另外，还要特别感谢我的老师李茂生教授，能够莅临现场对我们的成果进行点评。在老师面前不敢称家，永远都是老师的学生。我之所以自称为经济学家，是想自己尝试肩负起建设中国创新型资本市场的大任，能够为新三板市场的发展做一些贡献。

一、新三板五年来取得的重大成就

新三板这五年取得的成就是巨大的：一是构建了初步的市场化制度框架体系。二是构建了基本的市场中介服务体系。三是构建了基本的市场交易体系。四是构建了初步的自律监管的体系。

这些成就主要集中在以下市场成果。截至2017年9月1日挂牌公司11551家，市值突破了5万亿元。融资到底解决了中小微企业多少资金的问题？我个人估算应该不低于1万亿元的规模。这个规模如何计算的？截至2017年7月，从股转公司成立到现在市场实现定增融资3500亿元，专项金融产品4870亿元。还有一个没有考虑计算进来，也就是企业融到股权资本以后，资本结构得到优化，资产负债率下降，银行又给企业更多的债权的支持，至少不低于2000亿元。综合以上三部分，这个市场近五年来为企业提供的资本支持至少不低于1万亿元的规模。

二、新三板目前存在的问题

目前新三板市场表现主要集中在几个方面：一是股票发行增长放缓；二是股票交易正常增长；三是股票交易不活跃；四是市场信心有待恢复。

1. 股票发行增长放缓

2013年到2017年7月定增融资的数据显示，2013年只有10亿元，2014年132亿元，2015年1217亿元，而2015年融资需要打个折扣，因为其中类金融企业（PE、担保等）融资约三四百亿元。剔除这个因素，实体企业正常融资在800亿元左右，而2016年实现融资1391亿元。从这个角度来讲，如果按照800亿元，2016年在2015年的基础上差不多实现了60%~70%的增长，这个增长已经比较理想。2017年前7个月完成融资751亿元，平均每个月107亿元，按照这样的增长速度，2017年可能与2016年基本持平。由此我们可以得出一个结论，股票发行增长放缓。

2. 股票交易正常增长

2016年股票交易正常增长。2013年8亿元，2014年130亿元，2015年1910亿元，2016年1912亿元，2017年前7个月实现了1400亿元，到2017年底会达到2500亿元左右。

3. 股票交易不活跃

股票交易不活跃。目前换手率比较低，2015年到2017年各个月的换手率每个月都在2%以下，2016年全年在25%左右，2017年前7个月基本都在2%以下，可见交易不活跃结论是成立的。

4. 市场信心有待恢复

新三板的成分指数，最高的时候超过了1800点，现在是1240多点。做市指数下降程度较大，最高点已经达到了2000点，截至2017年9月1日是1016点。市盈率，特别是2016年、2017年基本都在30倍以内，从这几个方面的指标来看，我们得出这个市场流动性不足的结论是成立的。市场信心有待恢复。挂牌企业增幅下降，2017年新增挂牌企业是1388家，2016年同期新增企业是3466家，2016年总数是5000多家。2016年有620例做市商退出，涉及178家企业、77家做市商，2017年是647例，涉及319家企业、74家做市商。摘牌企业明显增多，2016年到2017年9月，摘牌432家，主动摘牌297家。

存在的问题主要有三个方面：一是制度供给的全要素不匹配；二是差异化制度供给不足；三是市场微观基础质量薄弱。

1. 制度供给的全要素不匹配

什么是制度供给的全要素不匹配呢？从两个角度分析，目前新三板的主办券商是交易所市场的券商，新三板的做市商是交易所市场的券商，这里面存在什么问题？激励不兼容，这是什么意思？面对两个市场，A股能赚大钱，新三板对它们来讲只能赚小钱甚至做亏本的买卖，作为一个理性的经济主体来讲，面对可以赚大钱的市场和做亏本买卖的市场，它是愿意做哪个市场呢？因此我们说现在整个市场流动性不好和这个制度安排有关系。在第一个阶段要把这个市场快速发展起来、速度也要起来，借助交易所市场的资源制度安排是对的，但是目前到了第二个阶段，要提升市场质量的阶段，这个制度安排应该有所调整才对。

2. 差异化制度供给不足

就是这个市场应该有的制度安排，由于市场发展太快，来不及推出，所以制度安排供给不及时。表现在几个方面：一是投资者适当性管理制度要调整，A股市场明显是供不应求，新三板是供过于求，挂牌企业融资企业太多，投资者太少，这与个人投资者500万元有关系，为了控制市场风险，门槛高一点儿没问题，但是由于这个市场70%的交易和定增都是由机构完成的，但是机构的质量也有问题，很多机构发行产品期限较短，真正有长期资金的机构非常少。在这样一种制度安排下，核心的问题在于整个市场供需结构失衡。二是没有市场化的退市制度，2016年意见稿出来了，但到目前正式的退市制度还没有制定出来。另外，做市商交易制度也存在问题，激励不兼容，没有激励与动力做市。三是没有推出大宗交易平台等制度安排。

3. 市场微观基础质量薄弱

一是挂牌公司的风险，挂牌公司的微观基础质量有待提高。新三板的企业规模较小，平均营业收入是1.6亿元，净利润1000万元左右，刚过1000万元，这样规模的挂牌公司存在着较高的技术风险、市场风险、财务风险、公司治理结构风险。二是投资者结构单一，基金产品的期限比较短，机构不是真正的价值投资。我们对新三板机构产品做过统计，60%~70%基本上都是由VC/PE机构完成的，VC/PE机构发行的基金产品大多年限不到三年。这个市场的投资逻辑是什么？是要伴随高成长型企业的成长赚钱，不像A股那样是通过炒短期的差价赚钱，现在整个新三板的机构不能说是真正的价值投资者。

三、新三板未来的方向

1. 要认识新三板目前所处的发展阶段

虽然大家认为目前的新三板定位是清晰的，但是我们认为有些事情是要重新考虑的，因为这个市场的基础发生了变化，市场的环境发生了变化。新三板的发展分为几个阶段。第一个阶段是2006~2012年"股转系统"成立,这是试点阶段,是非市场化的制度安排阶段。2013~2015年是"股转系统"成立以后,在市场分层管理制度出来以前,是市场化制度框架的初步形成阶段,这是第二个阶段。2016年分层制度管理开始,我们认为进入了市场化制度的完善阶段,即第三个阶段。这个阶段要经过多长时间,如果推进得比较顺利,预期是五年。如果推进得慢一点,各方面的因素导致这个政策不那么快,估计大约要用十年的时间。真正市场化制度安排完了之后,就是真正市场化和国际化的新三板,或者一个市场化和国际化的资本市场。在这个阶段我们要有两点比较清晰的认识,2013~2015年在市场化制度框架的形成阶段是基础性的制度安排,现在到了市场制度完善的阶段,应该是差异化的制度安排。从新三板的发展战略来讲,要从第一个阶段追求速度型转到追求质量效率型的第二个阶段,认识新三板目前所处的发展阶段对于各个市场主体形成高度一致的认知至关重要。

2. 要重新考虑新三板的定位问题

为什么要重新考虑?因为市场基础、市场环境、市场现状发生了很多变化。我们须从以下四个方面重新考虑新三板的定位。

第一,我们有没有可能把证券交易场所升级为证券交易所?目前新三板的定位是继上交所、深交所之后的第三个全国性统一的证券交易场所,为什么是这样的定位?从品牌的角度考虑,如果说不是专业从事证券金融的根本就不知道新三板是什么东西,他可能会问是不是还有一个旧三板,是不是还有一板、二板?这很难交代清楚。但是证券交易所老百姓是没有不知道的,所要从品牌角度考虑要升格成交易所。还有就是信心,资本市场最重要的就是信心,目前市场的信心有待恢复,如果升格为交易所,从政府角度来讲给市场注入了信心,这么大一个经济体,可能十年以后我们就是全球最大的经济体,一定要有一个支撑创新的金融市场和体系，这个市场这么重要，为什么我们不升级为证券交易所进行规范的发展和运行呢？

第二，目前新三板的定位是中国统一的证券场外交易市场。如果这样定位，竞价交易怎么推出来？公开发行怎么推出来？在传统的金融理论和意识里面，只有交易所市场、场内市场搞公开发行、竞价交易，因此各方达成不了统一的认识。这么定位，可能会影响改善流动性的最佳的时机。借鉴美国纳斯达克的经验，纳斯达克不是一个纯粹的场外交易市场，其全球证券市场、小型资本市场应该是场内交易市场，是混合型的资本交易市场。为什么不可以由原来的证券场外交易市场向混合交易市场定位呢？如果是这样定位，还要加一个国际板，创新层、精选层再加上国际板，构成新三板的场内市场，基础层成为场外市场，这个是可以的。

第三，重新定义中国资本市场的多层次体系。目前一个不可回避的事实是，创业板和中小板业已成为主板的一部分。不管是从企业发展的阶段还是从企业的规模来看，都存在这样的问题。换句话说，在原有的交易所市场里面，支持创新的力度不够。而现在的新三板，经过统计，2017年8月25日全国股转公司也发布了相关的数据，目前挂牌公司净利润在1个亿以上的企业有多少家？150家以上，净利润在3000万元以上的企业有1000多家，净利润2000万元以上的企业至少3000多家，换句话说，现在新三板由于没有门槛，由于交易所市场化改革推进比较慢，满足不了市场的融资需求，新三板目前在履行什么样的功能？履行为成熟企业服务的功能，这样做的结果是，真正对创新企业形成的金融支撑不够，因此我们要对中国多层次资本市场进行重新定位。主板为成熟企业服务，把目前的创业板和中小板合并成新的中小板，把新三板就叫中国的创新板，不要再叫新三板，各个地方的股权交易中心是真正的场外交易市场，因此形成以下的格局：主板为一板，中小板为二板，创新板为三板，各地的交易中心为四板。

第四，重新审视股转公司的治理结构，股转公司目前是公司制企业。公司制企业有相应经济的目标，因为要为股东创造价值，按照正常现代企业制度来讲是这样的，但我们交易所不是为企业创造价值的，是服务国家金融战略的，经济效益和社会效益就会难以协调，股转公司是听股东的还是听证监会的、国务院？协调起来很难，为了解决这个问题我的建议是，把上交所、深交所持有的股转系统的股份转给中国的国家投资公司中央汇金或者中国投资公司，这是从完善治理结构角度来讲。两个交易所要有生态意识，基础性市场好了，金字塔上才有源源不断的优质企业送上来，对大家都好的事情为什么不做呢？

3. 协同完善市场制度

协同完善有以下五个方面：(1) 创新证券发行制度。(2) 调整市场准入制度。(3) 完善市场交易制度。(4) 优化资源配置制度。(5) 强化市场监管。

创新证券发行制度，在市场分层制度的基础上，如果要公开发行，做真正的注册制，需要形成经验以后再在交易所市场去复制。

调整市场准入制度，目前主要是三个方面：一是公司挂牌的准入制度要调整，以前没有门槛包容性很强，市场到了这个阶段以后，不能采取"一刀切"的方式了。对新兴产业要低门槛，对传统产业要让他们到交易所市场挂牌上市。二是调整投资人适当性管理制度。个人投资者门槛要降，这是避不开的话题。降到多少合适？新三板本质上是具有公开转让功能的私募股权资本市场，它是定向发行。私募市场目前对投资者门槛要求是100万元，因此新三板的门槛定在100万元是符合法律规范的，但是对机构投资者要适当地进行调整，特别是对基金产品年限要提高。三是调整主办券商的市场准入,交易所市场券商根本不愿意接新三板的活、赚新三板的钱,如果让那些在新三板做 FA、财务顾问的机构有相应的牌照,他们会有积极性和动力赚新三板的小钱。服务交易所市场的券商,你愿意干就干,不愿意干也没关系,不对它做强制性的要求。

完善市场交易制度,夯实协议转让的市场基础,提升以证券券商为主的中介服务效力,协议转让的前提是证券中介服务机构一定要有效率,这种转让方式才会有效。在分层的基础上推出竞价交易,完善做市商交易制度,让非券商机构参与做市,还有就是推出大宗交易平台。

优化资源配置制度,推出摘牌制度、"转板"制度,在分层制度的基础之上实施差异化制度供给。

强化市场监管制度,加大违规主体的法律责任,提供差异化的信息披露制度,在资本市场中说了多年,一直没有搞的集体诉讼可以在新三板试行,新三板的股东相对而言少一些,推行起来相对容易一些。

四、重新认识新三板

目前市场比较燥热,市场各方须重新认识新三板:要以历史的视角看待新三板,以辩证的思维看待新三板,以发展的眼光看待新三板。这个市场仅仅只有五年的时间,不可能要求它在五年到十年之内就成为真正市场化的资本市场,这是不切实际的,制度的完善是有过程的,市场建设也是有过程的,因此我们要有理性、耐心等待这个市场逐步的成熟,包括美国的纳斯达克也是这样,搞了几十年才搞成现在这样,因此这个市场一定代表了中国经济未来的发展方向,代表了中国资本市场未来的发展方向。制度或政策只是今天出来或者明天出来的问题,而不是出来或不出来的问题。

对市场各方主体来讲,应该做些什么?

对于准备挂牌的公司和已经挂牌了的公司，要问自己两句话，我想做什么？我想到这个市场融资？还是规范？还是搞团队激励？还是要把公司卖掉？做什么事情，目标一定要清楚。如果你想融资，你是否具备吸引投资人的管理基础和行业条件？这是最基本的问题。挂牌公司一定要明白进入新三板以后就是一个公众公司了。什么是公众公司？资本筹集公众化，虽然是定向发行，但还是公众化的资本筹集。还有就是公司治理结构要完善，决策不能由老板一个人说了算，要有一个集体的决策班子，股权激励要做到位。还有就是管理规范、财务透明。要让投资人看明白这个公司，投资人才会把钱投给你。有些挂牌公司甚至不让投资人做尽职调查，投资人怎么会把钱投给你呢？这是明显的商业认知不到位。挂牌公司一定要明白公司的使命是为股东创造价值，这也是公司最终的目标。

对于投资人来讲，一定要知道新三板的核心投资逻辑是什么？投资那些真正具有创新能力的高成长型企业，是为了伴随这些企业的高成长而获取价值回报，而不是像A股那样通过短期炒股票差价赚钱。专业度是唯一取胜的法宝。目前这个时代是真正到了PE行业的专业度的时代，对于新三板的投资机构来讲，必须打造以下几个能力：一是发现价值的能力；二是持续地获取优质项目的能力；三是要能够给融资方带增值服务的能力。要明白项目方为什么要让你投，而不让你的竞争对手来投？这个要想清楚。

对于券商和中介服务机构来讲有三个问题必须明白：一是要明确自己的战略定位，你是准备在A股里面赚大钱？还是准备在新三板里面先赚小钱，然后赚大钱？还是两个市场同时都要做？一定要明白自己的资源、能力，要和战略定位匹配。二是构建好自己的商业模式，是通过投行赚钱还是通过"投行＋投资"赚钱？还是别的不赚钱，就投资赚钱？把自己的赚钱逻辑想清楚。三是券商投行的专业服务化时代已经到来了，要靠专业吃饭、靠机遇吃饭的机会基本上没有了。

对新三板目前有三个担心：一是由于A股市场化推进速度较慢，由于新三板包容性的制度安排有可能成为另一个主板。二是对改革实际问题我们有可能跌进"塔西佗陷阱"，这是古罗马著名的历史学家塔西佗提出的理论，他认为当政府和政府的某个部门公信力下降的时候，不管是真的假的，最后市场都认为是假的，不管是做好事还是坏事，市场都认为你是做坏事，因此要把握好一个真正推进改革的时机，目前来看这个时机已经到了，第一个阶段过去了，第二个阶段也经过了市场的洗礼，目前不管从哪个方面来讲时机已经成熟。三是香港创新板目前的《征求意见稿》基本完毕了，他们从开始征求意见用了两个月的时间，他们有制度安排和决策的优势，如果不抓住这样一个有利的时机，有可能被香港创新板后来居上。

基于在2012年9月能够成立股转公司、能够为支持中国经济创新构建这样一个金融体系，基于中国经济改革和资本市场改革路径的特征，要有三个相信：一是要相信市场的力量；二是要相信制度的力量；三是要相信创新的力量。三个力量集中到一点，要相信政府有能力解决目前市场存在的问题。当然，更愿意相信股转公司有能力解决当前的问题。

最后三句话：DREAM BIG，梦要做大一点！BREAM LONG，梦要做长远一点！DREAM DEEP，要做好梦！这个梦是什么梦？就是"中国梦"！建设好新三板就是我们在真正践行"中国梦"！

（本文系2017年9月3日作者在《中国新三板创新与发展报告（2017）》蓝皮书发布会暨中国新三板发展战略高层论坛的演讲内容整理）

新三板进入追求市场质量化阶段

新三板从2012年9月以来，在中国近三十年的资本市场的改革和发展当中，它是中国资本市场最重要、最重大的制度创新，使得股市和股权投资成为最亮丽的风景线。新三板打破了中国资本市场原有的生态平衡，是资本市场市场化改革过程中的一个突破，是一个高成长性的资本市场。作为我国资本市场的主要组成部分，新三板承担着改革的重任，它的发展速度令人刮目相看，不仅挂牌速度有所增加，挂牌质量有所提高，创新型成为挂牌的主流，新三板成为支持大众创业、万众创新的主战场，代表了中国创新经济未来的发展方向。

记者：请问新三板是全国中小企业股份转让系统，你认为未来定位是"全国证券交易场所"还是"北京证券交易所"？新三板能否成为中国的纳斯达克？

刘平安："新三板"或"股转系统"目前的定位就是全国性的证券交易场所。我们建议把目前的"新三板"或"股转系统"改为"北京证券交易所"，真正实现与上海证券交易所和深圳交易所具有同等法律地位和市场地位的全国性证券交易所。取名"北京证券交易所"只是交易所的地址放在北京，与深圳证券交易所和上海证券交易所一样，地址放在深圳和上海，但面对的都是全国的市场。

至于为什么建议把"新三板"或"股转系统"改名为"北京证券交易所"，其理由如下：

第一，从品牌的角度考虑，沿用"新三板"或"股转系统"不利于品牌宣传。"新三板"也好，"股转系统"也好，需要有专业背景和知识才会了解得比较透，但"证券交易所"一般的老百姓没有不明白的。改名有利于"股转系统"的品牌宣传。

第二,在目前新三板流动性严重不足的市场环境下,改名有利于增强市场参与各方的信心,因为这将表明政府要大力发展新三板市场,会给新三板的流动性注入强心剂。政府应该给市场长期发展一个稳定预期。信心是资本市场健康发展的基石。

第三,之所以要改名,我们需要从国家战略层面来理解。因为这个市场是国家创新战略的金融市场支撑,是中国经济结构转型的金融市场基础,是中国多层次资本市场体系市场化改革的突破口,代表了中国资本市场未来的发展方向,也代表了中国经济未来的发展方向。一句话,这个市场是支持中国经济创新和中国经济结构转型的金融体系的最重要市场,完全有必要构建一个规范化运行的交易所。

至于能否成为中国的纳斯达克?成功的关键在于我们是否能够真正吸收国际成熟资本市场的发展经验,特别是美国纳斯达克市场的成功经验,继续沿着市场化的方向,加快推进和完善市场化的制度建设。

记者:目前新三板流动性问题制约着挂牌企业的融资,而且让投资者信心不足,你认为未来有没有什么好的办法来解决这些问题?

刘平安:新三板的流动性严重不足,甚至面临枯竭,已成为阻碍新三板市场健康发展的最大障碍。解决新三板的流动性问题是一个系统工程,主要包括:

第一,完善证券发行制度,在新三板推行真正的"注册制",完全以市场化的方式发行证券。

第二,调整市场准入制度,主要包括以下措施:一是企业挂牌的门槛要有所提高,不能像过去发展初期那样完全没有门槛,新三板已经到了由原来的以规模为主的发展阶段到以质量为主的发展阶段;二是降低投资者的门槛。目前新三板最大的问题是供需结构失衡,即股票供给过大，投资者规模太小。这个问题的解决是其他问题得到有效解决的前提；三是做市商的范围要扩大。目前以券商为主的做市商制度最大的问题是激励不兼容，即券商没有激励与动力来做大新三板业务，因此发展以非券商为主的做市商队伍势在必行。

第三，完善市场交易制度，主要包括：一是停止协议转让制度；二是在继续分层的基础上尽快推出竞价交易制度；三是尽快完善做市商交易制度，让非券商机构参与做市；四是推出大宗交易制度。

第四，优化市场资源配置，主要包括：一是推出"转板"制度；二是尽快推出"摘牌"制度；三是进一步完善市场分层制度，及时提供差异化制度安排。

第五，加强市场监管，切实保护投资者利益，主要措施包括：一是充分发挥行业自律性监管组织的作用；二是提高市场违规主体的法律责任；三是实施差异化的信息披露；四是可以新三板试行集体诉讼制度。

记者：2017年以来已有几十家做市企业将转让方式改回协议转让，这种情况有愈演愈烈的势头，新三板企业为何挥别做市商的转让方式，改回协议转让方式，你认为原因是什么？有没有什么好的改善方法？

刘平安：新三板目前的交易方式为协议转让和做市商交易两种，企业只能任选一种，但这两种交易方式可以相互转换。目前的做市交易存在以下问题：一是做市商是交易所市场的券商，激励不兼容，即做市商没有激励与动力从事做市业务；二是目前市场流动性不好，对做市商的绩效考核形成较大程度上的负面影响，也导致券商不愿意从事做市业务；三是做市交易至少需要两家券商，可以视其为市场中的"一致行动人"，他们有动机"共谋"对挂牌公司的股票价格形成压制，不利于挂牌公司公允价值的形成；四是挂牌公司的一些特殊的交易需求，比如挂牌公司履行"对赌"协议等，此种交易方式很难满足。基于以上原因，很多挂牌公司由做市交易转为协议转让。

解决此问题的方法：一是让非券商做市机构（比如 PE 机构）尽快入市，形成竞争性的做市商交易；二是尽快推出大宗交易制度等一些证券场外市场必要的交易方式，以弥补交易方式单一的不足；三是需要改变目前以"非此即彼"的交易制度安排，比如挂牌公司可以在进行做市交易的同时，还可以进行大宗交易方式。

记者：新三板目前分为创新层和基础层，但是创新层的企业规模和盈利能力同样差异巨大，单一创新层的分类并不能满足分层管理的初衷，是否可参考纳斯达克的三分法？或是创新层再分出一个 50 家或 100 家挂牌公司组成精选层？

刘平安：市场分层管理制度是基于新三板挂牌公司数量庞大，且公司质量参差不齐，企业所处发展阶段也不一样，这样给投资人造成了很大"噪声"，即增加了投资人的风险识别难度，不利于市场流动性的改善，市场分层就是为了解决市场的"噪声"问题。但目前新三板创新层的挂牌公司 1300 多家，"噪声"问题依然存在，完全有进一步细分的必要，比如在创新层的基础上再细分出一个精选层，但具体是 50 家还是 100 家，或者是 200 家企业进精选层，这要看再分层达到的目的以及标准是什么。目前的市场分层管理制度，存在的主要问题：一是层级较少，满足不了市场的需要，需要进一步细分；二是标准有待进一步完善，比如增加反映企业创新能力的指标（研发投入多少，或者获得专利多少，等等）；三是在分层的基础上须尽快提供差异化的制度安排。分层不是目的，只是手段，分层的目的应该是提供差异化的制度安排。当然，这需要一个过程，不可能一蹴而就。纳斯达克市场形成目前的市场层级，是经过了二十多年漫长的发展过程的。

记者：如果能分出一个 50 家或 100 家精选层，能否把投资者的准入门槛降低？如果降低投资人的门槛，100 万元是否是合适的门槛？

刘平安：如果要在创新层的基础上再分出一个精选层，其规模应该是目前创新层挂牌公司的 20%～30% 的比例比较合适，即 300～400 家的市场规模，而不可能是 50 家或 100 家。

前已述及，分层的目的是提供差异化的制度安排，包括证券的发行、交易及信息披露等方面。如果要在精选层推行竞价交易，其必然的配套措施是要降低投资人的门槛。目前高门槛的投资者适当性管理制度造成了新三板证券供过于求的市场局面，与交易所市场相比又走向了另外一个极端，这是造成市场流动性不足的根本性制度安排问题。

如果在精选层降低投资者门槛，100 万元至少从法律上讲，是一个说得过去的制度安排。因为新三板是定向发行市场，至少目前还不是一个公开发行的市场。定向发行市场本质上是一个私募市场。根据 2014 年 8 月出台的《私募投资基金监督管理暂行办法》的相关规定，私募投资人单只基金的投资比例不得低于 100 万元，这个比例从法律上讲，我认为也适合做新三板投资人的门槛，因为新三板本质上是一个私募市场。

记者：新三板，敢问路在何方？突发 26 家 IPO 预披露招股书不见了，"三类股东"惹的祸？新三板的转板制度一直迟迟不清晰，你认为几时才能正式推出"转板"机制？

刘平安：从新三板挂牌公司 IPO 进程中面临的诸多问题来看，"三类股东"即契约型私募基金、信托计划和资产管理计划应该是最大的问题了。但从目前证监会对此类问题的现实审核来看，证监会并没有设置差别性政策，已有多家存在"三类股东"问题的挂牌企业提交 IPO 申请并获受理。同时，从证监会的公开态度看，鉴于"三类股东"作为拟上市企业股东，涉及发行人股权清晰等发行条件及相关信息披露要求,目前证监会也正在研究"三类股东"作为拟上市企业股东的"适格性"问题。所提问题26家IPO预披露招股书不见了,应该不能完全归罪于"三类股东"问题。

新三板推出"转板"制度,一方面是多层次资本市场优化市场资源配置的要求;另一方面也是企业本身发展的内生性需求。新三板推行"转板"制度,势在必行。但新三板推出"转板"制度,目前最大的问题是要突破现行法律上的障碍,即要解决"公开发行"问题。新三板的证券发行制度是定向发行,而要在交易所市场进行股票交易,其前提是股票须为"公开发行"。解决此问题的思路:一是在现行《上市规则》的基础上,对新三板的"公开转让"做出合理解释,即如何把新三板挂牌公司股票的"公开转让"等同于"公开发行"的性质,或者阐明两者之间的关系。二是现行《证券法》或《上市规则》做出修改,不把"公开发行"作为上市交易的充分条件,但这个需要一个漫长的过程。另外一个可供选择的思路是,对新三板进行重新定位,把新三板定位为一个混合市场,在创新层再分出一个精选层,对精选层挂牌公司进行公开发行后,再提供"转板"的制度安排。

记者:新三板的并购重组之路如何才能走得更快、更稳?挂牌公司如何才能通过并购重组转入主板?

刘平安:新三板挂牌公司的并购重组分为以下几类:一是A股上市公司并购新三板挂牌公司;二是新三板挂牌公司之间的并购重组;三是新三板挂牌公司对非上市非挂牌公司的并购重组;四是新三板挂牌公司对上市公司的并购重组。

企业进入资本市场的目的就是希望通过借助资本市场迅速进行产业资源的整合,以快速做强做大。新三板由于市场本身所处的发展阶段,制度安排不到位,市场流动性不好,再加上挂牌公司微观基础薄弱,目前挂牌公司通过并购重组实现产业资源整合的功能并没有发挥出来。因此，挂牌公司对上市公司的并购、挂牌公司之间的并购，以及挂牌公司对未挂牌企业的并购并没有成为一个常态化的市场行为。新三板的并购重组功能要充分发挥，其前提是市场化制度安排要尽早到位，市场流动性要从根本上得到改善，挂牌公司的质量整体要得到大幅度提升，只有在这样的前提下，新三板的并购重组之路才能走得快、走得稳。

在新三板所有的并购类型中，挂牌公司被上市公司并购是新三板市场规模最大的并购类型，新三板日渐成为上市公司并购的标的池。究其原因有三：一是新三板挂牌公司大多数是属于战略型新兴产业，正是很多上市公司并购的战略协同产业，这是首要的前提条件；二是挂牌公司不管是从法律、财务，还是从公司治理结构等方面，相对于未挂牌企业要规范得多，上市公司看得明白，并且并购后整合的风险相对较小；三是挂牌公司有一个公开的市场价值，交易操作相对简单。

新三板挂牌公司要想通过并购转入主板，在满足以上三个前提的基础上，要重点考虑以下问题：一是要从战略协同上考虑清楚，挂牌公司被上市公司并购后，是否有利于挂牌公司未来的发展，上市公司在战略或业务上，会给公司发展带来多大的资源。二是对控制权的要求上，要能满足上市公司并购的基本要求。上市公司并购挂牌公司，为满足财务并表的要求，其基本前提是要控股。这对挂牌公司的实际控制人来讲，也就是要失去控制权。三是要有一个合适的交易价格。在充分体现公司价值的基础上，不能漫天要价。四是在交易方式上，是现金交易，或是现金加股权，或是吸引合并。已做好以上工作，如果自己团队专业度不够，就需要一个专业的投行顾问提供专业服务，这样花小钱办大事。

记者：港交所拟推创新板，新三板未来怎么办？

刘平安：香港联合证券交易所目前看到了中国经济结构转型和技术

创新为资本市场发展带来的历史性机遇,也从新三板的发展中看到了创新型资本市场的生命力和发展模式,同时也看到了新三板目前发展中制度安排的缺陷和不足,因此,要在联交所推创新板,以此和新三板展开竞争。香港联交所的这一市场创新和制度创新,对新三板来讲,的确是一个比较大的竞争压力,因为毕竟多了一个竞争对手来抢夺市场资源,并且竞争对手还不是一般的竞争对手。香港联交所拥有成熟的资本市场运作经验,同时又有制度创新的优势,因为他们是完全市场化的制度安排。但与香港联交所相比,新三板目前已经具备了相当的市场基础,经过几年的发展,也积累了一定的市场运作经验,有市场的先发优势。如果能及时抓住目前的市场机遇,坚持市场化方向,尽快完善市场化制度安排,再加上内地庞大的市场规模,应该能取得竞争的优势。另外,从市场效率的角度讲,有竞争才会有效率。联交所加入中国创新型资本市场的竞争,会给内地证券交易市场带来较高的竞争压力,迫使市场主体(包括交易所和新三板)进行制度创新和市场创新,最终从总体上会实现中国资本市场效率的帕累托改进。

记者: 2017年7月上百家新三板公司摘牌创单月最高纪录,挂牌公司大规模摘牌的原因是什么?新三板"摘牌"制度对新三板市场健康发展有何好处?

刘平安: 新三板挂牌公司目前大规模摘牌的原因有以下几个方面:一是监管趋严,挂牌公司不符合监管要求(比如不及时披露年报等信息),被强制要求摘牌;二是挂牌公司启动IPO进程,主动摘牌;三是市场流动性不好,不能达到融资预期,但同时企业规范后包括税收等各种成本高昂,企业为降低"合规性"成本,主动退市;四是有些企业为IPO做准备。有些挂牌公司为防止新三板市场和交易所市场信息披露的差异给IPO进程带来负面影响,主动先摘牌。以上原因都有,但在目前市场流动性严重不足、市场信心急剧下降的情况下,企业不能有效进行融资,同时为规避挂牌的高成本而导致摘牌的原因较大一些。

一个真正市场化的资本市场,应该既要有市场化的准入制度,同时也应该有市场化的摘牌或退市制度。新三板已经发展到了从前几年的以追求市场规模和速度为主的阶段,转到了目前应该以追求市场质量为主的新阶段,摘牌制度可以起到降低市场"噪声",提高投资人的风险识别能力,提高市场流动性,从而最终提升市场质量,有利于新三板长期持续健康发展。我们期待真正的市场化的摘牌或退市制度尽早出台。

(本文系作者接受国家发展和改革委员会主管的《中国产经》记者吴新婷、于中飞的采访。采访文章发表于《中国产经》2017年第9期总第200期)

新三板:成就、问题与方向

"股转系统"运行至今已五年时间,发展速度堪称全球之最。但流动性一直没有从根本上得到改善,市场信心大幅度下降,目前已接近市场"冰点"。有效解决新三板发展过程中面临的瓶颈,我们须客观总结过去五年取得的成就,全面认识目前面临的深层次问题,准确把握未来的发展方向。

一、五年成就

新三板通过五年的建设和发展,在中国多层次资本市场体系中建立了一个真正支持"创新"的金融市场体系,构建了市场经济中的"创新"机制,培育了"创新"文化,取得了巨大的市场建设成就。

(一)建立了一个真正支持"创新"的金融市场体系

2006年设立新三板的初衷是为了落实国家创新战略。2012年成立

"股转系统"明确定位是为创新创业型中小微企业提供资本市场服务。2014年新三板更是肩负起了落实国家"双创"战略,为创新创业型企业提供金融服务的历史性重任。

首先,"股转系统"构建了初步的市场化制度框架体系。不管是企业挂牌的市场准入,还是股票发行、交易和监管,坚持按市场化原则进行相应的制度安排,为市场持续健康发展奠定了制度基础。其次,构建了基本的证券中介服务体系。到目前为止,新三板的证券中介服务机构包括近100家主办券商、70多家会计师事务所、1300多家律师事务所,以及400多家资产评估机构。证券中介服务机构通过服务创新,满足了市场高速发展期基本的服务需求,确保了市场正常运行。再次,新三板构建起了基本的市场交易服务体系。为确保"股转系统"交易独立正常运行,于2014年5月脱离深交所,推出了独立的交易系统,为新三板市场的独立发展奠定了IT技术基础。再其次,在市场营运方面,五年时间发展了40多万户投资者,挂牌公司11000多家,构建起了基本的市场交易营运体系。最后,新三板初步构建起了以"自律监管"为主的监管体系。五年来,新三板坚持以市场化为导向,在以证券法等法律法规为依据的前提下,构建了以部门规章和行政规范性文件为基础,以市场自律规则为主体的"自律监管"体系,维护了市场的"三公"原则,保护了投资者利益。

新三板经过五年的建设和发展,在中国多层次资本市场体系中构建了一个真正支持"创新"的金融市场体系,为中国的创新经济奠定了金融市场基础。它是中国国家创新战略的金融市场支撑,是中国经济结构转型的金融市场基础,是实现供给侧结构改革的着力点。它是中国多层次资本市场体系中的基础性市场,是中国资本市场的重大市场创新与制度创新。

(二)构建了经济中"创新"的市场机制,培育了"创新"文化

"创新"是新三板市场的灵魂。五年来,一大批科技创新和商业模式创新的中小微企业到新三板挂牌。所有挂牌企业中,高新技术企业占到了65%,先进制造业和现代服务业占比合计达72%,战略性新兴产业占比达25%。挂牌公司普遍重视研发投入与人才激励。2016年挂牌公司研发投入合计达622.30亿元,同比增长10.78%。其中研发投入占营业收入的比重在5%以上的企业有5266家,约占挂牌公司50%。实施股权激励的挂牌公司有735家,有核心员工持股计划的超过1500家,累计激励8100多人次。新三板积极引导风险资本对创新企业的金融支持,目前创新投资基金(VC)、私募股权投资基金(PE)持股挂牌公司数量占比超过60%。战略新兴产业融资占比27.55%。"中国制造2025"重点突破领域所属行业公司融资占到25.81%。据清科统计,2016年VC、PE退出案例中通过新三板退出的占到了61.5%和71.4%。

新三板通过为创新企业提供资本市场服务,为挂牌公司自主创新提供资本支持与人才激励机制,同时也为支持企业创新的风险资本提供了有效的退出通道。它构建了市场经济中进行"创新"的市场机制,使"创新"的产业化和市场化有了真正的金融市场基础。它支持和鼓励创新,培育了中国市场经济的创新文化,奠定了中国创新经济的文化基础。

(三)新三板取得的市场建设成果

到2017年8月,挂牌公司11551家,成为全球挂牌企业最多的证券市场,是2013年356家挂牌公司的31.44倍。市场范围已覆盖至全国所有省、自治区和直辖市,行业也涵盖了全国所有行业门类。新三板总市值突破5万亿元,达到50052.68亿元。新三板用五年时间总市值

突破5万亿元，而上交所和深交所分别用了16年和19年的时间市值达到这个水平。中小板花了大约7年的时间达到5万亿元，创业板用了7年的时间突破5万亿元。因此，虽然新三板在目前中国资本市场体系里只占了约8%的市场份额，但发展速度是中国以至全球任何一个证券市场都无法比拟的。

新三板五年时间累计为挂牌企业融资至少1万亿元，其中包括：五年3500亿元的股票定增融资；2016年5771家企业依托新三板市场通过专项金融产品（比如股权质押贷款等产品）累计获得商业银行债权融资4871亿元；另外，企业获得股票定增融资后，资产负债率下降，优化了资本结构，企业抵抗风险能力增强，从而提高了企业的信用能力，商业银行会增加对企业的债权融资，其债权融资规模不低于2000亿元。以上三种性质不同的融资渠道所融资金相加，新三板五年为中小微企业提供了至少1万亿元的融资规模，真正成为中小微企业的融资平台。

二、存在的问题

市场流动性不足是新三板2016年至今最为显著的市场运行特征。流动性不足的深层次原因既有宏观制度供给不足的因素，也有微观市场主体质量薄弱的原因。

（一）市场流动性不足的表现

1. 股票发行增长放缓，市场整体融资功能开始下降

2015年的股票发行规模为1217亿元，是2014年132亿元的8.22倍。2016年股票发行规模为1391亿元，在2015年的基础上增长了14.3%。2017年前7个月股票发行751亿元。如果按此速度和规模，2017年全年有可能在1300亿元左右。与2016年相比，2017年还有可

能出现负增长。2013~2016年，融到资金的企业占挂牌企业的比例分别是15.73%、18.25%、36.84%和26.17%。2016年与2015年相比，下降了10.67%。2015年所有挂牌企业平均融资规模为2373万元，2016年所有的挂牌企业平均融资规模为1457万元，2016年比2015年下降了38.6%。2013~2016年已融资企业的平均融资规模分别为1786万元、4599万元、6439万元和5568万元。2016年比2015年下降了13.52%。

2. 股票交易几乎停止增长

2015年股票交易1910亿元，是2014年130亿元的13.7倍。2016年股票交易为1912亿元，与2015年相比，几乎没有增长。2017年前7个月股票交易规模为1400亿元。按此速度和规模，2017年有望实现2400亿元的交易规模。如果市场期盼已久的政策措施不能如期而至，市场交易有可能会更加冷清，2017年全年也有可能只在2000亿元左右。市场果真如此的话，2017年与2016年相比，股票交易也几乎停止增长。

3. 股票交易极度不活跃

反映市场交易活跃与否的换手率指标，2015年为53.88%，2016年为20.74%，出现大幅度下降。2017年前7个月的换手率为10.99%，2017年全年可能与2016年大致持平，甚至还达不到2016年的水平。这反映了2016年至今，股票交易极度不活跃。新三板成分指数自2015年5月达到1800多点以后，自此一路下行，到2016年7月后，一直在1200点左右徘徊。新三板做市指数目前更是跌至了市场"冰点"，已接近1000点，到2017年9月12日，为1014点。

4. 市场信心大幅度下降

首先，表现在企业挂牌增幅大大下降。截至2017年8月，企业挂牌数量为11551家，在2016年的基础上增长了1388家，而2016年同期增长了3466家。2017年企业挂牌增幅出现大幅度下降。其次，挂牌公司和做市商频频退出做市交易。自2014年8月推出做市交易以来，2015年只有20多例退出做市交易，但2016年有620例退出做市交易，涉及挂牌公司178家，涉及做市商77家。2017年前8个月有647例做市交易退出，涉及挂牌公司319家，涉及做市商74家。最后，企业摘牌数量明显增加。2016年至2017年8月，摘牌企业432家。主动摘牌、被并购摘牌以及到交易所市场IPO摘牌的挂牌公司总共有319家，其中主动摘牌的297家。以上均表明，市场信心大幅度下降。

（二）市场流动性不足的深层次原因

市场流动性不足的深层次原因既有宏观制度安排不及时的原因，也有市场微观基础薄弱的因素。

1. 制度供给的全要素不匹配

首先，新三板的主办券商沿用交易所市场的券商提供证券中介服务，存在"激励不兼容"问题。目前新三板的主办券商和做市商都是交易所市场的券商。与交易所市场相比，新三板的业务投入产出比严重不匹配，因此券商没有激励与动力从事新三板业务，导致新三板市场服务效率低下，严重地影响了市场流动性。其次，新三板作为市场化的证券场外市场，本应具备的一些基础性制度安排，因市场发展太快，还没有及时提供，表现在：一是市场供需结构严重失衡，目前的投资者规模难以满足挂牌企业庞大的融资需求；二是没有市场化和常态化的退市制度；三是券商做市激励与动力不足，但非券商机构又不参加做市，核心交易制度存在严重缺陷；四是市场分层管理制度有待进一步完善；五是差异化制度供给不足；六是大宗交易制度千呼万唤不出来。

2. 差异化制度供给不足

新三板挂牌公司数量庞大，发展阶段不同，规模差别大，风险高低不一，给投资者带来很大"噪声"，在市场分层基础上提供差异化制度供给是新三板制度安排的核心。但实施市场分层制度以后至今没有及时提供任何差异化制度供给，市场预期没有如期而至，市场信心大幅度下降。市场分层的目的不在于分层本身，而是在分层的基础性制度安排前提下，针对不同层级的风险，提供差异化的投资者准入、证券发行、交易和信息披露等制度安排，为市场提供综合性风险管理工具，以提高投资者的风险防范能力，以及差别性对待不同投资者的风险承受能力。

3. 市场微观基础质量薄弱

首先，挂牌公司规模小，风险高。新三板挂牌公司平均营业收入约为1.6亿元，平均净利润近1100万元，是真正的小微企业，面临较高的技术风险和市场风险。更为重要的是，大多数挂牌公司财务管理不规范，让投资者无法获取企业真实的经营管理信息，不能有效快速地做出投资决策。挂牌公司治理结构不完善，表现在：一是股权结构高度集中，且家族色彩浓厚；二是没有建立起"股东会—董事会—管理层"三层结构，战略决策机制有待完善；三是股权或期权等激励机制还没有真正建立起来。其次，新三板投资者不是做真正的价值投资，还是以证券二级市场的逻辑在做新三板投资。机构投资者的基金产品期限太短，投机性太强，不利于创新企业的资本形成。机构投资者规模较小、投资者结构单一，以及没有足够的长期资金持有机构也是新三板机构投资者存在的较大问题。

三、未来方向

破解新三板的流动性困境，首先须正确评估新三板目前所处发展阶段以及由此选择相应的发展战略,并在重新审视新三板定位的基础上,系统策略性地加快完善市场化制度建设。

(一)新三板处于市场化制度的完善阶段

"股转系统"自 2012 年 9 月成立到实施市场分层管理制度以前,是市场化制度框架的初步形成阶段。此阶段以市场化的基础性制度安排为总体特征。"股转系统"此阶段的发展战略以追求速度和规模为主,市场质量暂时放在第二位。以 2016 年 6 月实施市场分层管理制度为标志,新三板进入市场化制度的完善阶段。此阶段的制度安排应以提供差异化的制度安排为主。为此,其发展战略应以追求质量和效率为主,即把改善市场流动性以提高市场质量为首要战略目标。

(二)重新审视新三板的定位

新三板经过五年的建设和发展,市场基础较五年前发生了本质变化。我们需从国家战略层面,以及多层次资本市场体系建设角度,对新三板的一些重大战略问题进行重新思考,统一各方认识,加快完善市场化制度建设的步伐。

第一,重新审视新三板作为"证券交易场所"的定位。建议把目前的"新三板"升格为"证券交易所",真正实现与上海证券交易所和深圳交易所具有同等法律地位和市场地位的全国性证券交易所。因为新三板是支持中国经济创新和经济结构转型的最重要的金融体系,其实现国家创新战略的重要性使我们完全有必要以"交易所"形式高效运行以支撑中国的创新经济。

第二,重新审视作为"证券场外市场"的定位。根据制度安排的不同来划分证券场内市场和场外市场将对新三板未来发展带来重大不利影响。按照传统金融理论的划分,场内市场的交易制度主要以竞价交易为主，而场外市场的交易主要以做市交易为主，且做市交易是场外市场的核心交易制度。为了让新三板的流动性从制度安排上得到根本性解决，可以设想在新三板再分层的基础上把它定位为一个"混合交易市场"，即在创新的基础上再分出一个"精选层"，在"精选层"提供场内市场的制度安排，包括证券的公开发行、竞价交易，匹配不同门槛的投资者，以及"转板"和差异化的信息披露等制度安排，以此带动新三板市场整体流动性的提高。

第三，重新审视新三板的市场服务定位。目前由于交易所市场非市场化的制度安排，以及新三板市场化和包容性的制度安排，原本应该由沪深交易所市场服务的一部分大中型成熟企业目前在由新三板提供服务，而新三板为创新型中小微企业服务的市场功能和定位并没有完全实现。因此，新三板存在服务越位的问题，但同时也存在服务缺位的问题。解决此问题，一方面要加快推进交易所市场的市场化改革；另一方面要对中国多层次资本市场各大板块进行重新清晰定位。我们的建议是，主板为成熟企业提供服务，把中小板和创业板合并成为新的中小板，为成熟稳定发展的企业提供服务，而把新三板定位为中国的"创新板"，专门为具有创新能力的中小微企业提供服务。市场定位不清晰，市场重复建设，不利于实现各大市场板块的功能，从而不利于资源的优化配置。

第四，重新审视"股转系统"的公司治理结构。"股转系统"是中国目前唯一的"公司制"证券交易场所。其决策既要服从于国家的经济金融发展战略，更多地体现社会效益，又同时要按照现代企业的运行机制来进行决策，要体现企业的经济效益。由于两种权力结构在共同起作用，要实现两种不同的利益目标，因此有可能影响决策的速度与效率。我们的建议是，要想实现新三板决策的高效，将双重权利结构变成单一的国家权利结构，将双重利益目标变为单一的社会效益目标。为此，建议把沪深交易所持有的"股转系统"的股权转让给中国的国家投资公司——中国投资有限责任公司。

（三）系统性地、策略性地加强完善市场化制度建设

要根本改善新三板的流动性，需要策略性地提供系统性解决方案。为此，我们的建议是：

（1）创新证券发行制度。在市场再分层的基础上，对精选层实行证券公开发行制度。证券发行完全按注册制实施，审核只是审核其合规性和信息披露的真实性，企业的价值判断交给市场。要坚决避免走交易所市场证券发行制度的老路。

（2）调整市场准入制度。对企业挂牌准入制度要进行调整，限制传统企业进入新三板，鼓励战略性新兴产业进入市场；取消主办券商的特许经营制度，彻底解决市场的"激励不兼容"难题。给有意愿和有专业服务能力的财务顾问机构（FA）以主办券商身份从事新三板业务。在降低个人投资者门槛的同时，适度提高机构投资者的市场准入门槛，制定税收优惠等各种政策鼓励持有长期基金的机构投资者大规模进入市场，扩大市场规模，提高投资者质量，从而解决新三板市场供需结构严重失衡问题。

（3）完善市场交易制度。如果不停止协议转让交易制度，就须在新三板建立一个开放、强大的证券中介服务体系。在市场再分层的基础上推出竞价交易制度，提供差异化的交易制度安排。进一步完善做市商交易制度，让非券商机构积极参与做市，彻底解决券商做市的"激励不兼容"难题，扩大做市商队伍，形成一个具有竞争性的做市商交易市场。尽快推出满足挂牌企业特殊交易需求的大宗交易制度，提高市场流动性。

(4) 优化市场资源配置。要建立一个市场化、常态化的退市机制，让资源集中配置到优质挂牌公司。市场分层制度是差异化制度供给的基础性制度，因此需进一步完善市场分层管理制度。在市场分层的基础上，及时提供差异化制度供给，包括股票发行、股票交易、投资人准入，以及差异化的信息披露等，以为市场提供综合性风险管理工具。尽快推出"转板"制度，在新三板目前流动性严重不足的市场环境下，让优质挂牌公司以最低成本到交易所市场融资，以为市场提供示范效应，让优质公司源源不断地进入新三板，增强市场信心。

(5) 加强"自律监管"制度建设，切实保护投资者利益。首先，让"股转系统"的市场营运职能与监管职能适度分开，把对主办券商等证券中介机构的监管职能剥离给证券行业协会，充分发挥证券行业协会的作用，强化"自律监管"，以此提高"股转系统"的市场营运效率。其次，目前违法违规主体的法律责任不够，违法违规成本很低，投资者的利益得不到有效保护，须尽快完成相关法律法规以提高违法违规主体的法律责任。再次，在市场分层制度基础上，不同层极的挂牌公司，制定不同的信息披露标准，实施差异化信息披露。最后，新三板挂牌公司股东人数相对较少，试行集体诉讼制度相对容易，因此可以考虑在新三板试行集体诉讼制度，以切实保护投资者的利益。

以上系统性解决方案，需要策略性地、有步骤地推进。我们的建议是：首先，第一步需要完善市场分层制度，为下一步差异化制度推出奠定基础。其次，在市场分层基础上推出"转板"制度，为市场注入"强心剂"。其理由是，优质挂牌公司能迅速融到资金，投资者有了通畅的退出通道，交易所市场有优质标的来源。股转系统看似流失了优质挂牌公司，实则起到了对市场拟优质挂牌公司的市场示范效应，能吸引拟优质挂牌公司源源不断地到新三板挂牌。再次，在推行以上两步制度措施的同时，新三板市场本身的一些基础性制度安排，比如摘牌制度、大宗交易制度等，需要及时完善。最后，涉及和交易所市场具有竞争性的制度安排，比如公开发行制度、竞价交易制度、降低投资人门槛，以及取消券商的特许经营制度等，时间和节奏可以放缓一些。因为，一方面，市场各方达成共识是一个漫长过程；另一方面，市场本身的发展如果不成熟，过快地推出相应的制度措施可能会增加市场的系统性风险，反而会阻碍市场持续健康发展。

（本文发表于《金融世界》2017 年第 10 期）

新三板改革循序渐进　两条主线继续完善推进

2017 年底，"股转系统"在北京举行新闻发布会，并在其官网发布新的分层管理办法、股票转让细则和信息披露细则等改革举措。市场翘首企盼的新三板市场综合改革正式出炉，在目前市场低迷的情况下，这项改革究竟对新三板意味着什么？

记者：市场普遍认为，新三板此轮改革是迟到的春天。对此，您认为此轮改革举措推出的时机如何？

刘平安： 2016 年 6 月推出《市场分层管理办法（试行）》后，市场普通乐观预期在分层基础上的差异化制度配套措施很快就会出来。但 2015 年股灾后，监管机构从守住不发生系统性金融风险的角度考虑，监管趋严，因此推出措施也相对谨慎些。从制度演进的路径看，任何一个市场规则的制定和演进也不可能一步到位，市场需要一个逐步消化和吸收的过程。基于以上原因，市场预期与实际改革举措出台确实存在一定距离，但此时出台市场改革举措，也并不意味着是"迟到的春天"。或许，恰逢其时！

此轮改革举措，是在"股转系统"成立五周年之际推出的。五年来，"股转系统"构建了一个支持创新创业企业融资的金融市场体系、制度体系和中介服务体系，构建了一个支持创新的文化体系。各类金融工具解决创新创业企业融资规模高达万亿元。在总结五年来取得成就和吸取经验教训的基础上，推出新的改革举措准备再上新的台阶，也可谓恰逢其时。此轮改革举措出台，是证监会贯彻和执行党的十九大精神和中央经济工作会议精神，落实全国金融工作会议精神的具体改革措施，时间也不可谓不及时。从市场制度建设的规律来看，任何一项制度出台到完善，市场需要一个消化和试错的过程，是一个循序渐进的过程，不可能一蹴而就。在总结第一个发展阶段的基础上，推出新的改革举措，正所谓"恰逢其时"。

记者： 此轮推出的改革举措，对完善新三板制度建设有何意义？对新三板市场未来的发展有何意义？对目前改善市场流动性会起多大作用？

刘平安： 此轮改革举措，一方面完善基础性制度建设，主要是完善市场交易制度；另一方面在完善市场分层管理制度的基础上，实质性地迈出了差异化制度供给的关键步伐。我们把2016年6月推出的市场分层管理制度看成是新三板发展进入到第二个阶段，即市场化制度建设的完善阶段。此阶段制度建设的显著特征应以差异化制度供给为主，改革的目标是提高市场质量、改善市场流动性，与第一阶段的市场化框架性制度供给有着本质不同。此轮改革举措，我们认为虽然是"尝试性"的，但"实质性"地迈开了差异化制度供给的关键步伐，对新三板持续健康发展迈出了决定性的一步，给了市场足够的信心。

此轮改革举措给市场未来发展奠定了基本的方向，解决了市场信心的问题。但对于目前市场急需解决的流动性问题，依然没有得到根本性解决。

记者：此轮改革举措的主要内容是什么？有什么显著特征？

刘平安：此轮改革举措主要从两个维度展开，一是完善基础性制度安排，二是尝试性地提供差异化制度供给。

完善基础制度主要是完善市场交易制度，包括：停止盘中的协议转让制度，引进集合竞价交易制度，推出盘后协议转让制度，以及特殊事项协议转让制度。交易制度是证券市场持续健康发展的基础，交易制度的改革与完善是证券市场改革的重中之重。此轮从完善市场交易制度着手，即看到了市场流动性不足的根本性原因，也找到了解决问题的突破口。

尝试性地提供差异化制度供给，包括两个方面：一是完善既有的市场分层管理制度，主要调整创新层挂牌公司的市场准入标准、共同标准和维持标准，为后续差异化制度供给奠定坚实的制度基础；二是尝试性地提供差异化制度供给，包括在创新层和基础层提供不同的集合竞价交易频次，以及在不同层级的市场提供差异化信息披露要求。差异化制度供给是新三板本阶段制度供给的本质要求，它能有效提高投资人的风险识别能力，降低投资人的信息收集成本和投资的机会成本，提高市场交易效率。

此轮改革举措，从推进市场交易制度建设着手完善基础性制度安排，抓住了流动性不足的关键问题。调整和完善创新层分层标准，对以往的制度安排中出现的问题进行纠偏，夯实了分层制度，为后续差异化制度供给奠定了坚实的制度基础和市场基础。在创新层和基础层实施不同的竞价交易频次与不同的信息披露制度。虽然是尝试性的，但是实质性地迈出了差异化制度供给的关键步伐。

记者：此轮交易制度改革，为何停止盘中的协议转让制度？引进集合竞价交易制度的作用又是什么？引入盘后协议转让制度和特殊事项转让制度有何意义？目前的交易机制安排还有什么问题需要解决？交易制度未来改进的政策空间在哪里？

刘平安：一个有效率的证券市场，要满足两个基本的前提条件：一是证券买卖双方的市场力量要基本均衡。供过于求，或供不应求，最终都将导致价格信号失真，价值发现功能得不到充分发挥。当价格并不反映公司价值的时候，市场交易就会低效或无效。二是能有效解决交易双方的信息不对称问题，这就需要证券中介服务机构，特别是券商，提供高效的中介服务。

新三板市场挂牌公司数量众多，企业大多数处于初创期和发展期，尤其需要证券中介机构高质量地挖掘和发现企业价值。但新三板由于照搬交易所市场的券商，存在"激励不兼容"难题，即同一市场主体面对两个价值完全不同的市场的时候，作为理性的市场主体一定会选择价值相对较大的市场。主办券商没有激励与动力从事新三板业务，市场的信息不对称难题没有得到解决，协议转让失去了存在的制度基础和市场基础。因此，停止协议转让是合理的。

引入竞价交易机制，让证券买卖双方直接交易，在一定程度上解决了市场的信息不对称难题，市场的价值发现功能会得到相应提高。考虑到新三板的证券场外市场属性，如果竞价交易机制与较为完善的做市交易并行不悖，实施混合交易制度，竞价交易机制的价值发现功能才会得到充分发挥。

引入盘后协议转让和特殊事项转让制度，也就是我们所说的大宗交易制度，解决了挂牌公司的一些特殊交易需求，比如并购，引入战略投资者，与PE机构履行"对赌"条款等。这是一个迟到的基础性制度安排。

目前的交易机制还存在一些问题，有较大的制度改进空间：一是集合竞价经过市场运行一段时间后，过渡到连续竞价交易，本次的股票转让细则已进行了恰当的制度安排；二是竞价交易功能的有效发挥，需要买卖双方市场力量均衡，降低个人投资者门槛势在必行。这个问题不解决，所有制度安排都会失效；三是完善做市交易机制刻不容缓，因为做市交易是证券场外市场的核心交易机制。让非券商机构参与做市，一方面可以扩大做市商规模；另一方面可以实现做市主体的多元化，打破目前完全由券商垄断做市的局面，提高交易效率；四是新三板市场交易机制最终的发展方向应该是实施混合交易机制，即一只股票既可以进行做市交易，同时还可以进行竞价交易。做市交易解决挂牌公司的价值挖掘和发现功能，即"质"的问题，竞价解决流动性和交易规模问题，即"量"，只有"质"和"量"的并举，市场的流动性才会得到根本性改善。

记者：为什么此轮改革着重于调整创新层的市场准入标准、共同标准和维持标准？其调整的依据和原则是什么？在创新层的共同标准和维持标准里面，要求合格投资者不少于 50 人，此种制度安排的利与弊是什么？此轮改革对创新层的标准调整对于后续的差异化制度供给有何意义？

刘平安：市场分层制度是差异化制度供给的基础。此轮市场分层改革举措，并不像市场所传闻和期待的那样再分出一个精选层，而是在总结原有分层标准的基础上进行调整完善，这是稳步推进市场分层管理制度改革的正确举措。原有的标准是否科学合理，需要得到市场的检验。2016 年的市场分层标准，"标准一"财务要求过高，把一些真正具有创新能力的企业挡在门外，不符合新三板的市场定位。"标准二"和"标准三"要求过低，财务稳健性不够，挂牌公司抵抗风险的能力较弱，创新层企业"大进大出",会给投资者带来较大风险。原有标准的共同和维持标准,没有注重企业的公司治理结构问题,没有反映出挂牌公司的"公众性"是最大的不足。此轮市场分层标准调整,考虑到了上述问题。"标准一"大幅度下调财务标准,给那些真正具有创新能力,但规模不大的挂牌公司进入创新层提供了机会。"标准二"提高了营业收入标准,增强了公司财务的稳健性和企业抵御风险的能力要求,降低了投资人的风险。"标准三"改"股东权益"为"注册资本",增加了挂牌公司抵御风险的能力。共同标准和维持标准则强调挂牌公司的治理结构和财务的"合规性"风险。

此轮分层制度调整,最大的亮点莫过于在创新层公司的共同标准和维持标准里面,都要求合格投资者人数不少于50人。因为它反映了创新层挂牌公司作为"公众公司"的基本属性,即"公众性"。新三板挂牌公司的质量普遍不高,其中一个最重要的表现就是其治理结构不完善,没有真正建立起现代企业制度,这是企业走进资本市场做大做强的最大阻碍。挂牌公司虽然名义是"公众公司",但大多数挂牌公司股东人数少,股权结构集中,不是真正的"公众公司",从而导致挂牌公司没有建立起科学的决策机制、有效的监督约束机制和高效的激励机制。此次新标准中增强了创新层挂牌公司的"公众性",其实质反映了创新层和基础层差异化的制度供给安排,以及制度引导创新层挂牌公司需要真正建立起现代企业制度。但此种制度安排可能带来另外一个较大的问题,即目前处在创新层的挂牌公司要满足这一条要求,要在2018年4月30日调层以前解决合格投资者不足50人的问题。可能出现的情形有:一是实施定增的规范操作增加新的股东人数以满足这一基本要求;二是通过违规操作(制造虚假投资人)达到这一基本要求。如何避免第二种情况的出现是目前"股转系统"和监管机构需面对的一个比较现实的问题。

此轮市场分层改革，调整了创新层的市场准入标准、共同标准和维持标准，是在 2016 年 6 月第一次分层标准基础上的进一步完善，它总结了市场运行一年多来分层标准存在的诸多问题而做出的进一步调整举措，大大夯实了市场分层管理制度，为后续再分层以及推出差异化制度安排奠定了坚实基础。

记者：新的信息披露细则最大亮点是什么？创新层挂牌公司在信息披露方面与基础层有哪些不同？创新层挂牌公司应如何看待这种调整？

刘平安：及时、全面、有效的信息供给是证券市场持续健康发展的前提。此轮改革的信息披露细则提高了新三板信息披露质量，其最大的亮点在于对创新层和基础层企业实施不同的信息披露规则，即在创新层和基础层开始提供差异化信息披露制度。

创新层的信息披露与基础层的不同主要体现在以下五个方面：（1）创新层挂牌公司的信息披露工作要求挂牌公司在组织上予以保证，即要求设立董事会秘书专岗负责信息披露；（2）创新层挂牌公司应当根据行业信息披露规则的相关要求，根据行业特点披露相应信息；（3）创新层挂牌公司要求强制披露季报；（4）创新层挂牌公司审计应当执行财政部关于关键事项审计准则的相关规定。创新层挂牌公司签字注册会计师应当参照执行中国证监会关于证券期货审计业务注册会计师定期轮换的相关规定；（5）创新层挂牌要求披露年度快报和业绩预告。

此轮信息披露制度改革，扩大了创新层挂牌公司的信息披露范围，提高了信息披露质量，有利于提高投资人的风险识别能力，创新层公司较基础层公司更容易获得市场融资。作为创新层挂牌公司，应该树立资本市场的正确认知。企业走进资本市场进行融资，要向投资人证明两件事情：一是要让投资人对公司看得明白；二是要向投资人证明公司具备持续发展能力。这两点都要向投资人充分披露公司的经营管理信息。及时、全面和如实的信息披露是投资快速做出投资决策的基本前提。创新层挂牌公司基于降低融资的显性的财务成本和隐性的机会成本,应该欢迎此轮的信息披露改革举措。

记者:推出此轮改革举措后,您认为"股转系统"今后如何策略性地推进相关市场制度建设?

刘平安:此轮改革举措,新三板实质性迈出了差异化制度供给的步伐。今后仍将沿着两条主线完善市场化制度建设:一是进一步夯实基础性制度建设,主要包括完善做市交易制度、调整投资人适当性管理制度、降低投资人门槛,以切实解决市场供需失衡的矛盾,推出市场化和常态化的退市或摘牌制度。二是在进一步完善市场分层管理制度的基础上,进行再分层,在再分层的基础上提供后续的差异化制度供给,包括,在精选层实施"转板"制度,证券公开发行,匹配不同风险承受能力的投资人,在不同层级实施不同的交易机制,以及提供完全差异化的信息披露制度等。

"股转系统"对于基础性制度安排应抓紧时间、全速推进。对于差异化制度安排,应本着市场各方容易达成共识,依交易所市场和场外市场竞争性高低程度不同而依次推进。可能的路径是:首先,再分层,在创新层再分出一个精选层;其次,在精选层推出"转板"制度;再次,在精选层进行连续竞价交易;最后,在精选层推行证券公开发行。

(本文系2017年12月27日作者接受中国金融信息网记者郭兴华的采访)

新三板进入提质发展新阶段

"股转系统"近日颁布分层管理办法、股票转让细则以及信息披露细则三项改革新政。这意味着新三板差异化制度供给迈开实质性步伐，新三板市场进入提质发展新阶段。此次推出改革举措，正值"股转系统"运行五周年之际，可谓恰逢其时。

一、提供差异化制度供给

此轮改革主要从两个维度展开：继续完善基础性制度安排；尝试性地提供差异化制度供给。

完善基础性制度安排方面，主要包括停止盘中协议转让，引进集合竞价交易制度，推出盘后协议转让制度和特殊事项协议转让制度。此次改革从市场流动性不足着手，寻找解决问题的突破口。

新三板市场挂牌公司数量众多，企业大多处于初创期和发展期，需要证券中介等机构挖掘和发现其价值。在主办券商缺乏动力推进新三板业务，信息不对称难题没有得到解决的情况下，协议转让也失去了其存在的基础。此次引入竞价交易机制，使得证券买卖双方能直接交易，一定程度上解决了市场信息不对称难题，价值发现功能得到相应提高。引入盘后协议转让和特殊事项转让制度，解决了挂牌公司的一些特殊交易需求。比如，并购、引入战略投资者、与PE机构履行"对赌"条款等。

差异化制度供给方面，主要包括完善既有的市场分层管理制度，调整创新层挂牌公司的市场准入标准、共同标准和维持标准，为后续差异化制度供给奠定基础；在创新层和基础层提供不同的集合竞价交易频次，在不同层级市场实施差异化信息披露制度。差异化是新三板现阶段制度供给的本质要求，能有效提高投资人的风险识别能力，降低投资人的信息收集成本和投资机会成本，提高市场交易效率。

此次没有推出精选层，而是在总结原有分层标准基础上进行调整完善。这是稳步推进市场分层管理制度改革的正确举措。在2016年的分层标准中，

"标准一"财务要求过高,将一些具有创新能力的企业挡在门外,不符合新三板的市场定位。"标准二"和"标准三"要求过低,财务稳健性不够。挂牌公司抵抗风险能力较弱,如果创新层企业"大进大出",会给投资者带来较大风险。原有的共同标准和维持标准,对挂牌公司的治理结构问题关注不够,没有充分体现挂牌公司的"公众性"。此轮分层标准调整,"标准一"大幅下调财务标准,为真正具有创新能力,但规模不大的挂牌公司进入创新层提供了机会。"标准二"提高了营业收入标准,增强了企业的财务稳健性及抵御风险的能力,降低了投资人的风险。"标准三"改"股东权益"为"注册资本",增强了挂牌公司抵御风险的能力。共同标准和维持标准则强调挂牌公司的治理结构和财务"合规性"。

此轮分层制度调整,最大的亮点在于创新层公司的共同标准和维持标准,都要求合格投资者人数不少于50人。目的在于反映创新层挂牌公司作为"公众公司"的基本属性。从目前情况看,多数挂牌公司股东人数少,股权结构集中,"公众性"不足。"公众性"提高,有利于挂牌公司建立科学的决策机制、监督约束机制和高效的激励机制。增加创新层挂牌公司的"公众性"要求,反映了创新层和基础层差异化的制度供给安排。这表明股转系统通过制度引导,鼓励创新层挂牌公司建立现代企业制度。

及时、全面、有效的信息披露是证券市场持续健康发展的前提。此次出台的信息披露细则,提高了新三板信息披露质量,最大的亮点在于对创新层和基础层企业实施不同的信息披露规则。扩大了创新层挂牌公司的信息披露范围,提高了信息披露的及时性和有效性,有利于提高投资人的风险识别能力,创新层公司将更容易获得市场融资。

二、制度仍需完善

竞价交易机制功能得到有效发挥,需要买卖双方市场力量均衡。因此，调整投资者适当性管理制度，降低个人投资者门槛，扩大投资者规模势在必行。同时，作为场外市场的核心交易机制，做市商交易机制仍需完善，以充分体现其价值发现功能。集合竞价交易制度如果没有足够的投资者规模，市场供需失衡、流动性不足问题难以得到根本解决。非券商机构参与做市，一方面可以扩大做市商规模，同时实现做市主体多元化，提高市场交易效率。新三板市场交易机制最终的发展方向应该是实施混合交易机制，即一只股票既可以进行做市交易，同时可以竞价交易。做市交易解决挂牌公司的价值挖掘和发现功能，即"质"的问题；竞价交易解决流动性和交易规模问题，即"量"的问题。"质""量"并举，流动性才会得到根本改善。

对于创新层挂牌公司合格投资者不少于50人的要求，可能带来另外一个问题。部分目前处在创新层的挂牌公司如果没有达到这一要求，2018年4月30日调整层级时，这些公司须解决合格投资者不足50人的问题。解决的方向和可能的路径有：挂牌公司实施定增增加股东人数；有的公司可能通过违规操作（制造虚假投资人等）以达到要求。这是股转系统等监管机构要面对的问题。

（本文发表于《中国证券报》2018年1月3日）

新三板，打破瓶颈靠什么？

一、"5岁"新三板干了啥

降低投融资对接成本，"过去是企业四处找投资人，现在是投资人主动上门来找企业"。

"我们这款纯电动新能源跑车，近几次车展上都是关注焦点，预计年中就能正式上市了。"北京长城华冠汽车科技股份有限公司董事长陆群告诉记者。1月底,位于北京顺义区的长城华冠公司所在地,几辆"颜值"颇高的样车放置在展厅里,充满力量感的线条、鲜艳的车身颜色、大尺寸中控屏和悬浮式液晶仪表盘等,都给人留下深刻印象。

成立于2003年的长城华冠,是一家从事汽车设计开发的研发机构,前几年开始了自己的造车之路,并于2016年10月拿到新能源乘用车的生产牌照。

"做新能源车的资金消耗量很大,我们现在又在投入期,融资对公司发展很重要。"陆群说,为了获得更强的金融支持,长城华冠2015年选择在新三板上市,两年多来,公司已经通过新三板完成了多次融资。

陆群说,在新三板挂牌后,公司变得更透明了。投资人有了更多渠道了解企业,现在主动来找的投资方比以前多了。"我们根据企业发展实际,采取'小步快跑'策略,每次融资量都不大,融来的钱全部投入研发、制造环节,现在我们的办公场所还是租的。"

新三板是5年前正式投入运行的全国性证券交易场所。2013年1月,新三板市场正式设立,次年,新三板服务范围从小规模区域性试点扩大至全国。5年来,新三板发展势头迅猛,截至2017年末,挂牌公司数量达11630家,总市值达4.94万亿元,分别是市场初建时的33倍和90倍。目前,新三板已成为全球上市(挂牌)企业数量最多的证券交易场所。

"从新三板的市场定位看,很明确,就是服务于创新型、创业型、成长型中小微企业。"全国股转公司董事长谢庚介绍,解决中小企业融资问题,财务信息要标准化、公开化。如果中小企业计账方法不一样,纵、横向不可比,投资人就没有办法根据会计信息进行风险判断和投资决策,所以要以国际会计准则做账,增强可信度和透明度。此外,还要治理规范，用机制保障投资人各项权利。

挂牌新三板，让企业在这些方面有了明显进步。万余家公司在新三板平台上按照公众公司的要求，逐步规范会计信息、健全公司治理、提高运作透明度，股份定价实现了市场化，获得快速发展，也促进了股权文化、诚信文化、契约精神的深入。"正是由于这些机制的作用，降低了投融资对接成本，很多挂牌公司向我们反映，过去是企业四处找投资人，现在是投资人主动上门来找企业。"谢庚说。

对于在新三板挂牌的"增信"作用，中科软董事长左春有同样感受。他告诉记者，以前在社会上活动，企业是什么情况都靠自己说，挂牌后企业经营管理更加规范透明，无论是跟潜在投资人打交道，还是找合作客户，都有一整套让人信赖的资料，机会自然就更多了。

数据显示，新三板自设立以来，股票融资金额逐年增长，从2013年的10.02亿元增至2017年的1336.25亿元，5年来共有5540家挂牌公司完成8620次股票发行，实现普通股融资4087.42亿元。

尤为可贵的是，很多尚未盈利的创新创业企业，过去与资本市场基本"无缘"。新三板以信息披露为核心的股票发行制度改变了这一现象，让这些企业也搭上了资本市场"快车"。数据显示，有1109家尚未盈利的企业通过新三板实现了股票融资，占融资企业数量的20%以上。

除了融资支持外，新三板在激发创新创业热情、促进并购重组规模增长、助推产业整合与转型升级等方面，也发挥了积极作用。通过5年的建设和发展，新三板在中国多层次资本市场体系中建立了一个真正支持"创新"的金融市场体系，构建了市场经济中的"创新"机制，培育了"创新"文化，市场建设成果值得肯定。

二、"火爆"之后为何遇冷

市场降温某种程度上是理性回归,也折射出新三板目前在制度上存在不足,市场微观基础仍显薄弱。

自设立以来,新三板挂牌公司数量快速增加,短短几年即进入"万家时代"。人们已经习惯新三板疾速前进的步伐,正因为此,当新三板向前的步子有所放慢,就引起了各方关注。

2017年以来,新三板的"挂牌热情"明显有所降温,摘牌公司数量却在增加,而且其中大多数是主动申请摘牌。从市场层面看,流动性不足、市场不活跃也成为日益突出的现象。数据显示,超过四成的新三板公司挂牌后从未有过交易。一定程度上反映市场信心的新三板做市指数,自2017年3月29日触及1162.54高点后,一路下跌,至2018年2月1日收盘则为946.85点。

三、如何看待新三板短期内的由热转冷

市场降温,某种程度上是理性回归。

股转公司董事长谢庚分析,过于火爆的市场状况并不正常,降温是好事。2017年以来,市场回归理性表现在很多方面,市场投资人回归理性了,挂牌公司回归理性了。有不少挂牌公司,融资和交易都实现不了,只付出监管成本,基于自己的发展状况主动申请摘牌。这种理性回归,是市场进一步发展的重要前提。

市场降温,折射新三板目前在制度上存在一些不足。

谢庚坦言,作为一个独立市场,新三板起步晚,发展时间短,目前发展中的主要矛盾,是制度供给与市场服务同海量市场中创新型、创业

型、成长型中小微企业多元化需求之间的矛盾。

"在新三板挂牌后,我们也面临一些困扰。"陆群告诉记者,长城华冠上一轮定增后,估值已达到40亿元,现在可能还要更高。但在新三板的做市交易估值仅为定增估值的50%~60%。这种因新三板流动性不足造成的价格"倒挂",没有充分反映企业价值,也让一些上市公司作为潜在投资方望而却步。有些上市公司在洽商定增时说,长城华冠的二级市场价格与定增价相比过低,定期报告编制时让他们面临"定增完就亏损"的尴尬局面。

对此,谢庚表示,从市场层面,目前首先要解决价格发现的问题。交易价格是双方博弈的结果,投资人希望便宜些,融资方希望贵一些,如果市场价格发现机制不成熟,投融资实际交易和二级市场价格没什么关系,还得靠双方来谈,交易成本就会大大增加。

流动性方面,谢庚认为,流动性不是换手率、交易率,而是金融产品的变现效率,即投资者能以期望的价格和时间区间将手中的金融产品卖掉。如果想卖却卖不出去,就是"关门打狗"的融资机制。

作为较优质的"元老"挂牌公司,中科软也感觉在新三板上的"出路"不够多。左春认为,一方面新三板要在制度供给上满足企业需求;另一方面对优质挂牌公司应打开转向沪深交易所市场的通道,让企业能根据自身情况有更多选择。

市场降温,也表明新三板的微观基础仍显薄弱。

从新三板挂牌公司一方看,多数规模小、风险高,是真正的小微企业,面临较高的技术风险和市场风险。目前来看,很多挂牌公司治理结构不完善、财务管理不规范。从投资者一方看,很多还是以沪深二级市场的逻辑在做新三板投资,投机性较强,不利于创新企业的资本形成。机构投资者规模较小、投资者结构单一、缺乏足够的长期资金持有者,是新三板机构投资者面临的较大问题。

四、未来改革之路怎么走

让优质企业"愿意来、留得住",投资者"愿意进、敢于投",给参与新三板的市场主体更多获得感。

作为全国性证券交易场所,新三板是定位于主要为创新、创业、成长型中小微企业发展服务的市场。高质量发展阶段,呼唤一个更完备的新三板市场。

谢庚表示,下一步新三板的发展,应紧跟市场需求,持续推进市场创新,更好服务实体经济发展。这就要通过深化新三板改革,进一步健全基础制度,提升核心功能,让优质企业愿意来、留得住,使投资者愿意进、敢于投,给参与新三板的市场主体更多获得感。

推进改革,首要问题是新三板在多层次资本市场体系中如何定位。

谢庚说,就市场定位而言,新三板不是为转板而准备的市场,也不是比沪深交易所低一层次的市场。新三板要坚持完善"苗圃"和"土壤"功能,从企业角度讲,也要考虑不同市场之间制度体系有差别,上市时间、上市标准等都不一样,选择适合自己发展的市场。

新三板经过5年建设和发展,基础较5年前已发生本质性变化,现在需从国家战略层面以及多层次资本市场体系建设角度,对新三板的一些重大战略问题重新思考,统一各方认识,加快完善市场化制度建设性步伐。

新三板是支持经济创新和结构转型的重要金融体系,对实现国家创新战略意义重大,应让其真正成为与沪深交易所具有同等法律地位和市场地位的全国性证券交易所。另外,新三板虽然定位于服务中小微,但在覆盖范围上,与沪深交易所之间有很多交错,既存在服务越位,也存在服务缺位。这需要加快交易所市场的市场化改革,也要对我国多层次资本市场各大板块进行重新清晰定位。

改革思路上,应以市场分层为抓手,统筹推进发行、交易、信息披露、监管等各方面改革。

"在集中市场上解决海量企业的差异化融资需求,就要把标准化和个性化结合起来,这其中关键就是分层。"谢庚说。

2016年,新三板推出分层管理试行办法,设置了三套差异化的创新层标准,将市场分为创新层和基础层。经过两次市场层级调整,截至2017年末,共有1354家创新层公司。2017年12月下旬,全国股转公司进一步改革完善分层与交易制度,调整创新层的部分准入和维持标准,还一并推出交易制度和信息披露制度的改革。

新三板分层管理上还应更加精细化。在精细分层的基础上,发行、交易制度、信息披露、投资者适当性管理等方面,都要体现差异待遇。比如发行,对于优质企业应实行更加市场化的发行制度,只审核其合规性和信息披露的真实性,企业的价值判断交给市场,避免走交易所市场证券发行制度的老路。

陆群建议,目前新三板大部分企业还处于生存期和成长期,政策上应兼顾企业现阶段实际情况,抓大放小,不搞"捆绑式"一刀切监管。此外,应推进对新三板企业估值体系和方法的研究,特别是对于尚未盈利的高成长企业,应提供一个更准确的估值参考。

(本文系2018年2月12日作者接受《人民日报》记者许志峰的采访)

凤凰涅槃中的新三板
——"N+H"模式深入解读

2018年4月21日,股转公司与香港交易与结算有限公司(以下简称"港交所")签署合作谅解备忘录。根据备忘录,双方接受对方市场符合条件的挂牌/上市公司在本市场申请挂牌/上市,新三板挂牌公司赴港上市将不设前置性审查程序和条件。新三板"N+H"模式落地,对中国资本市场开放与改革有何重大意义?对新三板自身发展有何重要作用?对解决新三板目前的流动性困境有何帮助?新三板国际化发展战略的建设性构想?以上诸多问题,值得深究!

一、新三板"N+H"模式的重大意义

新三板"N+H"模式落地,为中国资本市场对外开放上揭开了新篇章,表明新三板迈开了国际化发展步伐,开启了国际化发展战略,为新三板提升其市场管理水平和能力带来了难得的机遇,同时也是新三板策略性推进市场化制度完善的重要举措。

首先,为中国资本市场对外开放揭开了新篇章。中国资本市场对外开放始于1992年在沪深交易所设置的B股市场,其目的是为境内证券交易所上市公司筹集外资开辟一条渠道。为进一步通过资本市场吸引外资,沪深交易所从2003年开始实施"境外合格机构投资者投资制度"(QFII)。为鼓励国内企业走进全球资本市场获取投资收益,创造更多外汇收益,使人民币汇率更加平衡,从而减少贸易顺差和资本项目盈余,2006年开始实施境内合格机构投资者制度(QDII)。在实施QFII和QDII制度积累了足够的市场经验和监管经验后,上海证券交易所和深圳证券交易所分别于2014年和2016年与"港交所"开设"沪港通"和"深港通",鼓励两地投资者投资于双方交易所规定的上市公司股票。为了鼓励A股上市公司到"港交所"上市融资,2007年A股市场尝试"A+H"模式,此种模式需要上市企业同时满足两个交易所的全部上市规定。以上措施,不管是在沪深交易所市场设置B股市场,实施

QFII和QDII，还是开设"沪港通"、"深港通"以及"A+H"模式，都是我国在资本项目管制下的一种过渡性开放制度安排，为中国资本市场进一步扩大对外开放积累了市场经验和监管经验。在中国资本市场对外开放的基础上，新一轮全面深化改革目前进行得如火如荼，供给侧结构性改革已经进入到攻坚阶段。让市场在资源配置中起决定性作用，以提高经济运行的质量和效率，是实现供给侧结构性改革的根本目的。要想让市场来实现资源的优化配置，其首要前提是让金融市场实现真正的市场化。在党的十九大和"两会"以后，以及博鳌亚洲论坛后中国金融市场大开放的背景下，新三板实施"N+H"模式，让双方符合条件的企业直接到对方的市场上市融资，开放是双向的，实质拉开了中国资本项目开放的大幕，使中国资本市场完全与国际资本市场对接，是实现金融市场市场化改革的重要战略步骤。

其次，表明新三板迈出国际化发展步伐，开启国际化发展战略。新三板要建设成为真正支持中国创新的资本市场，市场化是基础，法制化是保障，国际化是方向。新三板作为中国多层次资本市场体系的基础性市场，要成为国家创新战略的金融市场支撑以及中国经济结构转型的金融市场基础，必须有能力适应新时代中国金融市场新一轮全面深化市场对外开放的历史性潮流，把新三板建设成为具有国际竞争力的创新型资本市场。"股转系统"2012年成立，一直坚持市场化的发展方向，经过五年多发展，挂牌公司11000多家，股票发行融资4000多亿元，再加上其他各类金融工具，总的融资规模超过万亿元，真正在中国多层次资本市场体系中构建了一个支持创新的金融市场体系。新三板"N+H"模式落地，表明新三板在坚持市场化方向的基础上进入了一个新的历史发展阶段，即迈开了国际化发展步伐，开启了与国际资本市场接轨的发展道路。

再次，为新三板提升其市场管理和监管能力提供了难得的历史性机遇。"股转系统"与"港交所"的合作，首先要面对的是自身的制度安排、市场管理水平和监管能力的提升。"港交所"作为成熟资本市场的代表之一，其市场化的制度安排、市场管理水平和监管能力，以及对投资者合法权益的保护无疑与国际市场高度接轨，"股转系统"要推动合作的健康和高效，一方面要迅速解决目前自身存在的诸多亟待解决的问题，诸如制度安排的非市场化因素要尽快剔除，如何有效保护投资者的合法权益，差异化制度安排的及时性问题，等等。这些问题的核心主要集中在如何迅速实现市场化制度安排。另外要迅速学习和了解"港交所"的市场运行规则和管理经验，以便使自身的制度安排、市场管理能力和监管水平真正与国际接轨，在一方面使企业走出去的同时，还要有能力把国际市场的创新企业吸引到新三板来上市、融资和并购。

最后，是新三板策略性地推进市场化制度完善的重要举措。由于历史的原因，中国多层次资本市场体系中的各大市场板块存在事实上的定位不清晰，新三板与交易所市场目前存在事实上的竞争关系。交易所市场作为市场在位者，有动机也有能力延缓新三板市场创新和前进的步伐。在新三板目前的发展阶段，一些与交易所市场有竞争的制度安排，比如证券的公开发行、连续竞价交易、降门槛等措施，政府各部门、市场各方很难达成一致意见，此类制度安排在短时间内迅速推向市场的难度较大。更重要的是，各方的利益博弈也会使新三板和中国创新经济付出巨大的机会成本。因此，在目前阶段，推出一些与交易所市场竞争不大，或者没有竞争，甚至是各自都受益的制度安排，比如"N+H"模式以及"转板"制度等，可能是新三板较好的市场建设和完善策略。这显然有夹缝求生存，或者曲线救国的意味，但只有能生存下来，才会有发展的希望。改革就是利益的博弈，是利益的重新分配，需要有策略地推进。改革就是以少部分人的利益为代价，以使社会总福利最大化，从而实现帕累托改进。

二、目前难以缓解新三板的流动性困境

新三板"N+H"模式落地，从中国资本市场的对外开放视角，以及新三板的长期发展来看，无疑具有重大意义和重要作用，但短期内可能很难迅速有效缓解新三板的流动性困境。

首先，"股转系统"与"港交所"的合作备忘录只是一个框架性的安排，合作模式的实施细则并没有推出，何时实施目前也没有一个明确的时间表，不确定因素很多，市场不一定会给予积极响应。新三板自2016年6月实施市场分层制度以后，由于差异化制度供给没有及时跟上，错过了制度推向市场的绝佳"窗口期"，市场预期没有如期而至，导致市场信心跌至谷底。即使在2017年12月推出的新三板"新政"，也并没有增强新三板市场的信心，不管是成分指数还是做市指数一路继续下跌，做市指数目前已经跌破了900点。2018年第一季度，主动摘牌企业接近300家，同比大幅度增加，企业挂牌呈负增长，股票发行和交易同比都呈下降状态。在目前流动性严重不足的市场环境下，如果没有改变流动性的根本性举措（比如降门槛）出台，任何市场举措都可能是隔靴搔痒，解决不了新三板流动性的根本性问题。

其次，按"港交所"主板现行的上市规则，虽然从财务标准看，要求最近一年盈利不得低于2000万港元，前两年累计盈利不得低于3000万港元。但2017~2018年港股上市企业的统计数据表明，企业最近一年盈利的平均数是6.6亿港元，前两年盈利的平均数是14.4亿港元。除了盈利要求外，"港交所"还有市值和现金流的要求，比如上市时最低市值20亿港元，前三个会计年度现金流入合计至少不得低于1

亿港元。由此可见，"港交所"主板目前也是以大规模成熟企业上市为主的资本市场。为了应对全球交易所市场的竞争，增加香港主板市场的吸引力，"港交所"日前颁布了《新兴公司及创新产业上市》咨询文件，对未盈利的生物科技类公司上市不同投票权架构，以及第二上市等做出了相关规定。除了对生物科技类公司主营业务专业性的相关规定外，还有关于市值、主营业务、营运资金等方面的要求，比如，市值不得低于15亿港元，主营业务的根本变动必须得到"港交所"的同意，企业须准备12个月开支的125%的营运资金。以上规则表明，即使生物科技类企业，也是大规模成熟企业。另外，值得引起重视的是，此种制度安排并不是针对所有科技类公司或创新型企业，而只是生物科技类公司。简言之，《新兴公司及创新产业上市》并不是一个普遍适用于所有科技类企业的制度安排。当然，这也不排除目前针对的生物科技类公司只是试行阶段，今后也有可能全面推向所有科技创新型企业。还有，此种制度安排也并不是针对"港交所"创业板的上市公司，而香港创业板对公司上市不作盈利和营收的要求，可能更加契合新三板挂牌公司的特质。但目前香港创业板市场规模小，市盈率低，定价功能弱，换手率低，融资成本高，与内地创新创业型企业的上市契合度可能也存在较大的匹配问题。"N＋H"模式即将出台的实施细则，是用"港交所"的主板或是创业板，抑或是两个市场同时与新三板对接，还是有无其他特殊的安排，目前不得而知。但至少从目前"港交所"两大板块的市场现状来看，都很难与新三板市场实现快速无缝对接，新三板挂牌公司短期内实现赴港融资存在较大难度，其市场的象征意义无疑要大于现实意义。

三、新三板国际化战略的建设性构想

新三板"N+H"模式落地,标志着新三板迈出了国际化的第一步,开启了国际化发展战略。结合经济全球化和一体化潮流、全球证券交易市场的竞争态势、新三板的市场现状以及未来发展方向,我们对新三板的国际化发展战略可能的步骤和路径做如下构想。

第一,加快推进市场化制度的建设和完善,为合作奠定好制度基础和市场基础。新三板的"N+H"模式为新三板加快市场化制度的建设和完善,以及与国际资本市场接轨提供了可能的机会。但"打铁还需自身硬",如果新三板自身的制度安排、市场管理能力和监管水平在较短的时间内不能与"港交所"快速接轨,机会就有可能抓不住,实质性合作可能成为一句空话。因此,"股转系统"目前的工作任务在于,在让合作模式有效落地的同时,战略重点应放在快速推进自身市场化制度的建设和完善,这是实现合作模式落地的基础性工作和前提性工作,也是核心工作。这不仅给"股转系统"带来了压力,也给监管机构和相关政府部门带来了压力,因为这是一个系统工程,需要各方站在国家战略的高度迅速达成共识,快速推进。

第二,新三板应寻求更好更多的战略合作伙伴。目前新三板与"港交所"的合作只是迈出了第一步,但从对"港交所"两大市场板块的上市规则和市场现状来看,"港交所"与新三板的契合度有待进一步磨合,这将是一个漫长的过程。在目前新三板的核心制度不可能快速推向市场、流动性困境不能得到根本性改善的条件下,为了给优质挂牌公司提供更多的融资便利,"股转系统"除了与"港交所"合作外,还应该寻求更好和更多的战略合作伙伴。从真正支持创新的全球资本市场来看,美国纳斯达克交易市场无疑是最成功的资本市场。虽然目前中美贸

易战可能在一定程度上，或在一段较长的时间内，会延缓新三板与美国纳斯达克交易市场合作的可能性。但从长期来看，服务贸易的开放和合作对双方都是有益无害的，这也是中国履行 WTO 协议的基本内容。美国纳斯达克交易市场需要大量的中国科技创新企业赴美上市，而新三板无疑是纳斯达克交易市场最好的市场合作平台。"股转系统"不仅需要纳斯达克交易市场强大融资能力为挂牌公司提供融资便利，更为重要的是，纳斯达克交易市场的市场制度建设、市场管理能力和监管框架可以借合作之机不断提升和完善"股转系统"自身的水平和能力，以迅速达到国际一流水平。除美国纳斯达克交易市场之外，英国的 AIM 市场、德国证券交易所的创新板块都是可以纳入合作的范畴。如果我们用三年到五年的时间，与全球主要的创新型资本市场，比如美国纳斯达克交易市场、英国的 AIM 和德国证券交易所的创新板，等等，建立起高效稳固的合作关系，这就为"股转系统"的国际化战略奠定了坚实的市场基础和开辟了广泛的合作平台。

第三，虽然目前新三板与"港交所"的合作是双向开放，即双方均接受对方符合条件的企业到各自的市场挂牌或上市，即既可以"走出去"，也可以"引进来"。但基于目前"股转系统"的市场化制度建设尚处在建设和完善阶段，并不具备引进来的制度基础、市场基础和强大的品牌影响力，因此目前的战略重点理应先放在"走出去"的战略层面，即让挂牌公司到合作伙伴的市场上去上市融资。实施"引进来"战略时机应该是，新三板用三年到五年的时间真正完成市场化制度建设，能够为优质挂牌公司提供充分的流动性，市场的基本功能得到充分发挥的时候，即新三板真正做到与国际资本市场的制度安排、市场管理能力和监管水平等量齐观，完全接轨的时候，才具备了让全球优秀创新企业到新三板来挂牌/上市融资。根据对中国经济金融改革路径和方式的了解和理解，这个发展阶段至少要等待五年的时间，并且还是要在新三板的市场化制度建设要比较顺利推进的大前提之下。

第四，新三板在完成市场化制度建设的基础上，同时在依次实施"走出去"和"引进来"战略，并已积累了足够的国际化经验和管理能力的前提下，通过并购全球主要创新型交易所市场，比如美国纳斯达克交易市场、英国AIM等，从而构建起全球最大规模和最具备品牌影响力的创新型资本市场。其实现的可能是路径，"股转系统"一方面可以并购其他证券交易所；另一方面在"股转系统"保持其控制权的前提下，其他交易所也可以参股"股转系统"。这样双方共享制度资源、市场资源和监管资源，共享合作收益。实现如此宏伟目标至少需要十年时间。那时候，中国已经是全球最大的经济体，中国金融市场全面开放，资本管制完全放开，一个真正支持创新的最大和具有全球品牌影响力的资本市场将会是中国的新三板。

凤凰涅槃中的新三板，不忘初心，牢记使命。新三板的初心是：支持和服务中国的创新创业企业。新三板的使命：一是国家创新战略的金融市场支撑；二是中国经济结构转型的金融市场基础；三是中国资本市场市场化改革的突破口和试验田。只要我们坚持市场化、法制化和国际化的发展方向，就可以构建一个支持创新的强大金融市场体系，我们就能够紧紧抓住人类第四次工业革命给中国带来的历史性发展机遇，走上复兴与强盛之路，实现伟大的中国梦。

(本文发表于中国金融信息网2018年4月23日)

革故鼎新　继往开来

感谢各位嘉宾朋友的到来！在这里要特别感谢股转公司的隋强副总

经理对中国新三板研究中心的大力支持。我们从 2016 年开始举办首届，2018 年已经是第三届了，我们也是想为这个市场的持续健康发展贡献我们自己的一分力量，我们希望这个市场能够真正地支持中国创新经济的发展。感谢我们的合作伙伴新华社"中国新三板"栏目。新华社作为国家级最高媒体能够和我们纯民营的研究机构合作，我们万分感谢，我们倍加珍惜！

一、2017 年总体市场运行特征

2017 年新三板市场的总体运行特征主要有六个方面：一是企业挂牌进入稳步增长新常态；二是市场流动性须强力改善；三是创新层企业创新能力亟待提高；四是挂牌公司经营情况整体向好；五是差异化制度供给迈出实质性步伐；六是自律监管体系日趋完善。

第一，企业挂牌步入增长新态势。新三板自 2012 年 9 月成立以来，到现在走过了五年半，企业挂牌从 2015 年开始进入高速增长阶段，2017 年达到了 11630 家，成为全球企业挂牌数量最多的证券市场。这从全球证券市场发展史来看，都是一个奇迹。

第二，市场流动性须强力改善。（1）股票的发行：2017 年的股票发行相对于 2016 年来讲略有下降，但是下降幅度不大，达到了 1402 亿元，2016 年是 1478 亿元。融资企业的占比：到新三板挂牌以后，多少企业能融到资金？2015 年的比例达到 36.85%，这是最高的，2016 年是 26.17%，2017 年是 22.19%，这基本符合"二八定律"。融到钱的企业，每一家企业融资的规模大概是多少？2015 年为 6440 万元，2016 年是 5568 万元，2017 年是 5432 万元，逐年在下降，但下降幅度不大。（2）股票交易：2015 年是 1911 亿元，2016 年是 1912 亿元，保持基本不变的态势，2017 年略有增长，增长了 10% 多点。换手率的变化：2015 年达

到53.88%，2016年是27.74%，2017年是13.71%。这是统计了2015年1月到2018年8月24日为止整个市场换手率变化趋势。这是我们统计的从2015年1月份开始到昨天即8月24日的新三板指数变化趋势。三板成份指数昨天是986点，新三板做市指数昨天是775点。以上是2017年整个市场变化的趋势。（3）2018年前7个月的市场流动性表现令人担忧。2018年以来一些情况的变化应该引起监管机构、管理层和股转公司足够的重视。从股票发行来看，2018年前7个月总体是403亿元，与2017年952亿元同比下降了46%；股票交易前7个月是587亿元，同比下降了58%；从融资企业来讲，2017年前7个月融资企业是1974家，占到11284家企业的15.9%，2018年前7个月只有1005家，占到11108家的9.04%，下降了43%；从融资规模来看，2017年全年平均融资规模是5432万元，2018年前7个月是5100万元，同比下降了6%；市盈率2017年是28.52倍，2018年前7个月是24.14倍，同比下降了15%。换手率2017年是9%，2018年只有3.79%，基本上在5%左右上下摆动；做市指数2017年最后一个交易日是993.65点，昨天是775点，下降了21%；三板成份指数2017年最后一个交易日1275.32点，昨天是986.08点，下降了23%。所有指标跌幅都比较大，市场的流动性成大问题。市场在2016年和2017年都在喊"狼来了"，那两年我自己的感受是狼并没有来，现在才感觉到狼真的来了。如果我们再持续一两年下去，这个市场到底会怎么样，我们可想而知。

第三，创新层企业创新能力亟待提高。从2017年蓝皮书开始到2018年，我们持续关注创新层企业的创新能力。新三板的定位就是为创新、创业型企业提供资本市场服务，挂牌企业的创新能力到底怎么样？特别是创新层企业创新能力到底怎么样，大家可能没有进行过系统研究。我们以下从四个维度，即创新资源、创新制度、创新驱动、创新表现，16个指标对挂牌创新层企业的创新能力做了系统研究。（1）创新资源：硕士以上员工平均占比3.9%，创新层挂牌公司在高新科技园区只有214家企业，占比22%。创新资源明显不足。（2）创新制度：有什么制度就会有什么行为，有什么行为就会有什么结果。独立董事制度目前在940家挂牌公司里面只有162家企业设立这种制度，占比17%。股权激励目前940家挂牌公司只有241家，占比25.6%。员工的平均年度薪酬为113154元。创新制度这一块是可能来理解新三板企业整个创新能力很重要的维度。创新层挂牌公司支持创新的制度有待继续完善。（3）创新驱动：新三板企业平均研发支出是1132万元，248家企业没有研发支出，占比达到了26%。研发强度是5.37%。什么是研发强度？就是当年研发支出占当年销售收入的比重。从研发强度指标来看基本达标，超过了技术驱动型企业的基本标准，但超出的不是太多。研发支出占当年销售收入3%以上是基本标准。但有248家企业没有研发支出，有141家研发强度在3%以内。总体来看，创新层挂牌公司创新驱动的能力明显不足。（4）创新表现：高薪企业认证704家企业，占比74.9%。专利平均24.05项，284家无专利，占比达到30.21%。发明专利平均是5.38项，456家企业没有发明专利，占比达到48.51%，这个指标不容乐观。当然这里不排除服务类企业不是以技术驱动的，而是以商业模式创新为主的企业，它们没有专利可以理解。净资产收益率平均12.07%，其中87家为负，112家在5%以下，169家在5%~10%。无形资产占比平均只有3.87%，93家企业为0，303家企业在1%以内，186家企业在1%~3%，这个指标是相对偏低的指标。

第四，挂牌公司经营情况整体向好。2017年同比2016年是基本向好的，下降的幅度有所收敛。从盈亏结构来讲，盈利的企业占到76.4%，这个指标近几年基本保持在稳定的水平。从营收和净利润角度来看，平均营业收入2017年是1.85亿元，同比增长9.5%，净利润是1063.75万元，同比下降了5.74%，但是这个下降幅度比2016年收窄了。从ROE和ROA两个指标来看，41%左右公司净资产收益率大于2016年，44%左右公司总资产收益率大于2016年，这两项指标不容乐观。从资本结构指标和偿债能力指标来看有很大的好转，非金融类企业的平均资产负债率47.84%，同比基本持平，市场整体资产负债率为43.90%，同比下降了4%。下降是一个好事情，说明挂牌公司的股权资本增加了，资产负债率降低了，企业抵御风险的能力增强了。从偿债角度来看，47.47%公司的流动比率高于2，68.96%公司的速动比率高于1。营运能力比2016年略有好转，创新层挂牌公司的表现要明显强于基础层。创新层的平均营业收入是4.82亿元，净利润是3178万元，资产负债率37%，流动比率高于2的占比59%，速动比率高于1的占79%。基础层挂牌公司的营业收入平均1.48亿元，净利润只有800万元，净资产负债率45%，流动比率高于2的占46%，速动比率高于1的占比48%。创新层挂牌公司的总体表现要明显强于基础层。

第五，差异化制度供给迈出实质性步伐。2017年12月22日股转推出了几大重要的改革措施：一是对分层管理制度进行调整、完善；二是在创新层和基础层实施不同交易频次的改革，创新层每天交易5次，基础层交易1次，不同层级尝试性地推出差异化制度安排。这是2016年、2017年重要的制度改革。

第六，自律监管体系日臻完善。新三板的监管和A股不同，以自律监管为主。2017年股转公司在2013年业务规则基础上，通过总结近五年的市场经验和教训，完善了监管规则，主要包括《挂牌试用基本标准指引》《分层管理办法》《股票转让细则》《信息披露细则》《投资者适当性管理制度》等方面的业务规则，进一步完善自律监管体系。

二、目前问题的深层次思考

目前的市场到底存在什么问题？这个不用多说了，想必大家都清楚。为什么存在这么多问题，我们试图找出其中的原因。市场存在的诸多问题从根本上讲，还得从制度安排的角度去寻找。资本市场或证券市场的制度变迁基本遵循两大路径：一个是自下而上；另一个是自上而下。从全球证券市场的发展史来看也是这么两个路径。中国证券市场制度变迁的路径和市场演进与美国截然不同，美国是自下而上的发展，中国则是自上而下的路径。按制度经济学的逻辑，中国资本市场的制度演进叫作"强制性制度变迁"，新三板也同样遵循了这样一种制度改革和制度变迁的逻辑。

成功实施强制性制度变迁要具备三个基本要素。

首先，最上层的目标和方向要"对"。一旦最上层的目标和方向错了就会全错，后面两个再对也没有任何用处。就新三板来看，决定这个目标和方向的是国务院或政府。为了支持创新，真正意义上的新三板从2012年就开始了，原来老的新三板从2006年开始，是为了落实国家创新战略，让中关村高新科技园区参与了以券商为主的"股份代办转让系统"，那时候的初衷就是为了搭建支持科技创新的金融市场体系。在试点六年的基础上，2012年9月成立股转公司，经历了这五年的发展，目标和方向并没有错。

其次，制度和机制的安排要"顺"。新三板最大的问题，或者说深层次的原因，是制度和机制供给的全要素不匹配。新三板是在中国多层次资本市场体系中一个全新的市场，和现行A股不一样，服务于不同的市场。A股不管是主板和中小板，都是服务大中型成熟企业。即便是创业板，净利润也要达到5000万元才能上市，这样规模的企业也都是成熟企业。新三板就是为中小微企业提供资本市场服务，所以服务新市场这个是没有问题的。根据破坏式创新理论或者颠覆式创新理论的逻辑和框架来看，新的市场要求全新的市场主体，问题可能就出现在这个方面。新三板有三大市场主体，服务主体是券商，监管主体是证监会，营运主体是股转公司。

一是券商的"激励不兼容"难题。从券商的角度来看，券商要同时服务 A 股和新三板两个市场。A 股市场很赚钱，新三板市场不赚钱。作为理性的市场主体一定是首先选择赚钱的市场。股转公司在第一个阶段利用交易所的市场主体券商来发展新三板市场，这种制度安排没有问题。但是在第二个阶段还沿用这样的制度安排就会出问题，会出现什么问题？新三板不赚钱它为什么要提供服务？目前的市场规则是靠发牌照，没有牌照的企业想做这个市场却不能做，或者至少不能正大光明地做。在市场服务主体方面，目前的发展阶段一定要有大动作。换句话说，就是要对新三板的主办券商制度进行大幅度调整，现在主办券商如果不愿意做新三板的业务就不让它做。那些有专业度又愿意干的企业，比如为新三板提供专业服务的 FA 市场主体给它们发牌照。主办券商目前很难高效为新三板挂牌公司提供优质服务，是因为他们的成本和收益不对称。新三板市场运行的方式和 A 股是截然不同的逻辑。现在的情况是想干的没有办法干，不想干的非要它干。这个制度安排有较大的问题。

二是监管机构的"激励不兼容"难题。新三板一定是以发展为首要前提，当然控制风险也很重要，在发展的同时要控制风险。如果以牺牲发展来控制风险，就是有问题的。监管的思路、监管的方法、监管的步骤，包括政策推出的时机，我认为现在可能都出了问题。2017 年很多新的制度为什么不能推出来，是否是监管层在制度和机制方面没有理顺所出现的深层次问题。什么是改革？改革是权力和利益的重新分配，这个是核心的问题。监管机构也同样存在着收益与成本的不对称问题，即"激励不兼容"难题。监管成熟市场容易出政绩，而监管新市场则容易出问题。监管机构监督和发展新三板的激励与动力也存在不足的问题。如果把这个问题没有理顺，新三板固然可以搞好，但是什么时间才能搞好？我们要付出多大的机会成本？所以，我们说"路漫漫其修远兮"。

三是决策的执行效率要"高"。这个就是股转公司的问题。股转公司从开始成立到现在运行五年多的时间了，总体效率是高的，我们要肯定。五年时间这个市场有1万多家企业，融资规模从现在统计数据来看定增将近融资了4800个亿，然后再加上其他各类市场金融工具，我估计新三板这个市场为中小微企业融资至少超过了1万个亿。有三个方面的数据，定增融资的数据，以及股权融资以后资产负债率下降，资本结构得到优化，银行的债权增加进去了，这是一部分。另外，中小企业私募债、优先股、股权质押这些新的工具又加起来至少有2000个亿至3000个亿。这几类金融工具加起来至少解决了1万个亿的融资规模。因此，股转公司的执行效率是高的。但效率是不是可以更高一点？我们在哪些方面可以做出一些调整？关键在还在于对股转公司的定位，股转公司到底是一个事业单位，还是一个市场化的公司？这是我一直思考的问题。如果是公司的话，真正要在这样创新型的市场里面做出自己的贡献，至少在以下几个方面要有一些思考。

股转公司到底是想干什么？股转公司的"愿景"到底是什么？我的理解是"要致力于构建支持中国创新经济高效的金融市场体系"。不管是从全球金融市场还是美国金融市场的发展史来看，不管是从理论的角度还是现实的角度来讲，"创新"是由两个轮子驱动的，一个是科技,另一个是金融。这两个轮子缺一不可,缺了任何一个轮子"创新"这辆马车就不能前行。因此 PE 如果没有很好的退出机制、没有公开的转让市场,支持科技创新就会成为一句口号。新三板在这样的"愿景"之下应该担当起什么样的使命?我认为有四个方面:一是中国国家创新战略的金融市场支撑;二是中国经济结构转型的金融市场基础;三是中国资本市场市场化改革的突破口;四是中国供给侧结构性改革的有效切入点。新三板应该担当起这样的历史使命,才符合它的定位。新三板的发展阶段和目标:第一个阶段是要速度与规模,第一个阶段目前已经过去了。市场分层开始进入到第二个阶段,即提质增效阶段,这个阶段要质量与效率。我们能不能在股转公司成立 10 年左右的时间,在 2022 年或者 2025 年的时候能够打造一个真正市场化的资本市场?有没有可能提出明确的发展战略和发展目标?这是从执行效率的角度来讲。如果我们解决了这些问题的话,是不是可以有更高融资的效率,以及市场价值发现功能和定价功能得到充分发挥呢?

三、未来改革方向与策略的探索

新三板到底怎么搞?在目前这样一个市场环境下是不是就不能搞?还是如何策略地推进市场化制度的建设和完善?

新三板未来的改革方向,一是坚持以市场化为方向,偏离了这个基本方向新三板就不存在了。二是以法制化为保证。市场化和法制化是一枚硬币的两个方面,不能有任何的偏废,在这个方面我们现在做得很不够,要继续加强法制化。三是国际化。国际化要达成什么目标?我们有没有可能让全球科技创新企业到中国新三板挂牌融资上市?我们有没有可能真正提供一个像纳斯达克甚至比纳斯达克更好的资本市场呢?国际化一定是我们的终极目标。

未来的路，我们认为，是一个立足点，并往两个方向发展。一是优化市场分层管理制度，提供差异化制度安排。哪些方面应该差异化？差异化的挂牌准入制度、差异化的投资者适当性管理制度、差异化的证券发行制度、差异化的股票交易制度和差异化的信息披露制度。在不同的层级提供不同的差异化制度供给和管理。新三板挂牌企业众多，发展阶段不同、规模大小不一，如果任何制度安排没有差异化地搞"一刀切"，市场会搞不好，这是立足点。在此基础上，往两个方向发展：一是在市场分层的基础上大力夯实基础性制度安排，全力推进"非竞争性"制度供给；这里有两个词，一个是"竞争性"，另一个是"非竞争性"；新三板市场客观地讲，跟 A 股有竞争关系；如果新三板的制度安排最终会和 A 股争夺市场资源，就叫竞争性制度安排，否则就是"非竞争性"制度安排。二是要凝聚各方共识、协调各方利益，策略推进"竞争性"制度安排。

未来的新三板，我们认为，不能像现在这样完全定位为证券场外市场。如果定位为场外市场，就没有办法推进场内市场的相关制度安排，一定要搞成一个"混合市场"。未来如果有可能推出精选层，精选层应该是场内市场。如果要走向国际化，国际板块也应该是场内市场，因为我们要吸引全球最优质的企业。创新层和基础层我们可以定位为场外市场。

在继续完善分层管理制度的基础上，大力夯实基础性制度安排，全力推进"非竞争性"制度供给。主要有以下几个方面：一是调整企业挂牌的市场准入制度。目前在此方面基本上采取了"一刀切"的方式，前两个会计年度 1000 万元的收入，这个制度要改，对战略性新兴产业我们还要不要设门槛？对传统产业，我们不鼓励不支持的企业，到新三板来的，我们是否要设比较高的门槛？这可能是今后需要调整的地方。

二是要正式推出摘牌制度。摘牌制度从 2016 年征求意见稿到现在差不多两年过去了，目前这个制度还没有出来，这个制度不应该不出来。A 股最大的问题有两个，一个是没有解决市场化的准入问题，另外一个就是没有解决市场化的退出问题。新三板解决了市场化的准入问题，但是目前没有正式的摘牌制度出来，也没有解决市场化的退出问题。三是要调整主办券商制度，那些愿意做新三板业务的财务顾问机构（FA）给他们发牌照，不愿意做新三板业务的券商就不必强制考核他们。四是要完善做市商交易制度。目前做市商交易制度存在两个问题，一个是规模不够，另外一个是主体比较单一。我们要鼓励那些长期资金持有者，比如说公募基金、保险基金等，进入新三板市场。今后新三板交易制度要从单一交易制度向混合型交易制度发展，也就是同一只股票既可以做市交易，同时也可以进行竞价交易。而我们现在是要么竞价交易要么做市交易。未来的方向是同一只股票两种交易方式我们可以同时搞，这样会大大提高交易效率。五是推出差异化的信息披露制度。

凝聚各方共识、协调各方利益，策略推进"竞争性制度"安排。我们要有几个共识：（1）不能把新三板与 A 股等量齐观，新三板市场不管是流动性、服务对象、制度安排等不能完全比照 A 股的逻辑来做。（2）认识到新三板在中国经济创新中的重要作用与推进改革的紧迫性，时机太重要了。如果 2016 年分层管理制度出来以后能够紧锣密鼓推出差异化制度安排，可能这个市场不会是现在这样的状态。如果我们快速推进各项制度，未来三五年是不是该推的核心制度安排能够推出来？但按照现在的节奏会有问题，我们特别清楚一个制度出台，不同的时机出来，市场效果会很不一样。（3）要认识到改革的本质是权力和利益的重新分配，这是极其漫长的过程，心急了吃不了热豆腐。作为挂牌公司进入到这个市场要看到跟 A 股不一样，不是来到这个市场就能融到资金,要清楚到这个市场来要达到什么目的,要清楚有没有这个能力达到这个目的?要问自己两句话:一是我要什么?二是我能做什么?如果目的动机不清楚而盲目进入这个市场,你付出的成本是极大的。对于投资人来讲,如果按照 A 股的逻辑完全是赚买卖股票的差价,就不要到这个市场来。每一个市场主体都要清楚这个市场和 A 股是不一样的。这个市场需要时间。看新三板要遵循三个维度:一是历史的维度。如果你研究中国资本市场发展的历史就会知道,A 股发展了将近三十年,两个基本的问题都没有解决,怎么可能要求新三板五六年的时间就能构建一个完全市场化的资本市场,这是不可能的。能够用十年、十五年的时间构建起这样一个市场就非常不错了。股转公司能够在五六年时间里达成目前这样的效果已经是非常好的了。因此,我们要从历史的角度来看新三板,要用辩证的思维看问题,要用发展的眼光来看待新三板的发展。
(4)要认识到新三板与 A 股在客观上存在竞争,这也是不能回避的问题。

根据前面几个维度,我认为目前新三板首先要做的是再新分一层,在精选层里面推转板,这能够为市场各方接受,包括 A 股市场两个交易所都欢迎新三板的优质公司到 A 股上市。还有就是在精选层推进与港股的合作,这两项措施推起来各方的阻力都不大,都可以接受。

接下来要将投资者适当性管理制度中准入门槛的问题要尽快调整。所有安排要基于什么前提,这个市场里面要有足够的投资人,目前 1 万多家公司只有 40 万户投资者。没有足够的投资人规模,任何制度安排都不可能有效果,因此这个制度需要尽快地推进。比如说,再分一层出来以后,基础层 500 万元的门槛,创新层 300 万元的门槛,精选层 100 万元的门槛。有没有可能按照这样一个差异化投资者适当性管理制度进行安排?

对投资者适当性管理制度的调整，不能仅仅局限于个人投资者，而机构投资的门槛目前显然低了，要作适当提高。现在 500 万元的注册资本门槛太低，要提高准入门槛。另外，就是增加长期资金的持有者，比如说保险基金、公募基金等市场主体。还有就是要推行税收优惠制度，鼓励那些长期资金持有者投资新三板，不管是印花税还是资本利得税，鼓励大家长期持有新三板企业的股票，这有利于创新资本的形成。

市场所期待的公开发行、连续竞价交易等竞争性制度安排，必须放到最后推。如果早推，会引起市场或者监管机构、其他市场主体的阻碍，会取得适得其反的效果。那么，这个制度要在什么时候才能推？一是基础性制度安排基本到位的时候，这是一个基本前提；二是市场健康平稳运行，这也是一个前提；三是新三板支持科技创新的效应得到市场的广泛认可，这个没有三五年的时间是推不出来的。竞争性制度推进的出发点就是先要夯实基础性制度安排，大力夯实"非竞争性"制度安排，同时要策略地推进与 A 股有竞争性的制度安排。

（本文系 2018 年 8 月 25 日作者在《中国新三板创新与发展报告（2018）》蓝皮书发布会暨中国新三板发展战略高层论坛上的主题演讲整理）

差异化制度供给促新三板高质量发展

2018 年 11 月 8 日，证监会就《非上市公众公司监督管理办法》和《非上市公众公司信息披露管理办法（征求意见稿)》公开征求意见。全国股转公司也于当日就《股票向不特定合格投资者公开发行并在精选层挂牌规则（试行）（征求意见稿)》及起草说明等 6 项自律规则向市场公开征求意见。

本次全面深化改革举措的落地，标志着新三板市场化发展迈入了高质量发展阶段，差异化制度供给是本阶段显著的制度特色，高质量发展将是今后新三板市场发展的主旋律。

新华财经：您认为最关键的改革是什么？

刘平安：精选层是新三板本次深化改革的点睛之笔，是本次全面深化改革的立足点与出发点。精选层设立四套准入标准接纳创新层公开发行的挂牌公司，将承接完成公开发行挂牌公司的交易，实行连续竞价交易，涨跌幅设30%的限制，降低投资者门槛，实施差异化监管，且挂牌满一年后可直接"转板"上市。

设立精选层意义有四点：一是精选层满足了优质挂牌公司的大额融资需求；二是连续竞价交易将从根本上改变新三板流动性不足的局面；三是挂牌公司满一年即可转板上市，会更进一步满足优质挂牌公司的更高层次的融资需求，也会对新三板增量市场资源产生较大的吸引力；四是通过精选层挂牌的转板上市制度，打通了新三板与A股各大市场板块的通道，提高了资本市场的整体运行效率。

新华财经：新三板融资效率不高一直为市场所诟病，本次深化改革引入公开发行制度有什么亮点？

刘平安：公开发行完善了新三板核心市场功能。挂牌满一年的创新层公司，同时满足精选层准入的相关标准，即可进行公开发行。公开发行要求发行人具备业务明确、产权清晰、依法规范经营、公司治理健全、履行信息披露义务，以及财务信息真实、准确、完整等要求。符合投资者适当性管理规定的自然人、法人等均可参与公开发行。发行人采取路演、询价等公开方式发行股份，实行券商保荐与承销制度。发行人与主承销商自主协商采用直接定价、竞价和询价等定价方式，股票发行价格、时机均由市场决定。此举将从根本上提高新三板的融资效率，完善新三板的核心市场功能——融资。

新华财经：如何看待"转板"上市在推进多层次资本市场建设中的作用？

刘平安：经过公开发行并在精选层挂牌满一年，符合《证券法》上市条件和交易所相关规定的挂牌公司，可以直接向交易所申请"转板"上市。挂牌公司"转板"上市，履行内部决策程序，券商保荐，向交易所提出转板上市申请，交易所审核，无须证监会核准，其"转板"程序实行注册制。

"转板"上市制度，不仅现实解决了优质挂牌公司的大额融资需求，对新三板的增量市场资源也产生了较大的吸引力，而且也会从根本上解决新三板流动性不足的问题。更为重要的意义在于，各个市场板块资源共享，提升了整体市场效率，把中国资本市场带入联通、合作与效率时代。

新华财经：新三板近几年受资本市场大环境的影响，以及自身改革举措迟迟不出台，流动性严重不足。此次交易制度的改革是否有助于解决流动性不足问题？

刘平安：本次交易制度改革的主要举措有四点：一是在精选层实施连续竞价交易机制，在基础层和创新层实行集合竞价交易与做市交易。丰富了交易方式，相当程度上会促进新三板整体市场流动性的改善；二是精选层的连续竞价交易，涨跌幅30%，符合优质挂牌公司的价值发现规律和风险识别规律，且会起到流动性示范效应作用；三是在增加基础层、创新层集合竞价撮合频次，适度提高流动性水平；四是精选层在合适的时机，推出混合交易机制，即同一只股票既可以实施连续竞价交易，同时还可以实行做市交易，这是新三板完善交易制度的最终改革目标。

新三板此次全面优化交易制度，将从根本上提升流动性，流动性严重不足的难题有望得到解决。

新华财经：调整投资者适当性管理制度受到业内广泛关注，预期如何？

刘平安：本次调整投资者适当性管理制度，具体措施有：一是结合市场分层实施差异化的投资者适当性标准，将大幅度降低投资者门槛；二是鼓励公募基金投资精选层挂牌公司，持续推动保险资金、企业年金、QFII以及RQFII等专业机构投资者入市，为市场不断增加长期稳定资金来源。

投资者的高门槛是制约新三板流动性不足的大闸门，本次改革结合市场分层，将大幅度降低投资者门槛，打开了投资者进入新三板市场的大闸门，引进了市场的源头活水，是改变新三板流动性的根本性举措；鼓励公募基金等专业机构入市，将完全改变新三板投资者质量不高，资本期限偏短，有利于挂牌公司创新资本的形成以及稳定健康发展，提升市场质量。

总体看，新三板本次全面深化改革是继2013年新三板市场化基础性制度框架实施后最为全面、深入和彻底的改革。本次改革以完善分层管理制度为出发点，形成基础层、创新层和精选层的市场结构，结合不同层级挂牌公司的发展阶段、公司规模、技术水平、商业模式和风险适度等综合性因素，不管是在挂牌、股票发行和交易、投资者适当性管理制度，以及提高信息披露质量和提升企业治理质量等监管方面，全面实施差异化制度供给。

（本文发表于中国金融信息网2018年11月9日）

新三板深化改革将中国资本市场带入联通与效率时代

证监会近日启动新三板全面深化改革，推出了市场期盼已久的包括设立精选层、允许公开发行、设立"转板"制度、实施分类监管以及完善市场退出制度五项核心改革举措，使新三板具备了证券交易场所的核心功能，从而奠定了新三板与科创板和创业板错位发展、多元互补的制度基础，标志着中国科创资本市场迈入联通和效率时代。

一、完善新三板市场核心功能

此次新三板的全面深化改革，是继 2013 年市场化基本制度框架确立后，完善市场化制度建设中最为全面、深入和彻底的一次改革。

第一，此次改革以市场分层为出发点，在优化创新层、基础层规范和培育的基础上，设立精选层，承接在新三板创新层实施公开发行的挂牌公司，形成基础层、创新层和精选层的市场结构。同时，通过在不同层级实施投资者适当性管理，引入公募基金，配套形成交易、信息披露、监督管理等差异化的制度安排。一方面，能有效提高投资者的价值发现能力和风险控制能力；另一方面，有利于股转公司实施分类监管，提供精准服务，提高监管和服务效率，进而增强新三板的整体市场效率。此外，设立精选层也为建立"转板"制度扫清了法律障碍，奠定了制度基础与市场基础。

第二，优化发行融资制度，在创新层实施向不特定合格投资者公开发行制度。"公开发行"这一制度安排，不仅从现实上满足了优质挂牌公司的大额融资需求，更重要的是，这一制度安排使新三板拥有了证券场内市场的核心功能，从而更好地体现出新三板作为证券交易场所的定位。

第三,建立"转板"上市制度。此次改革从提高中国资本市场体系的整体市场效率出发,推出"转板"上市制度。一是满足了新三板优质企业进入更高级市场融资的需求,提供转板便利,降低上市成本。此外,转板还提高了市场流动性,起到有效吸引增量市场资源的作用。二是可以为创业板、科创板储备并提供源源不断的优质上市资源。三是打通了资本市场各层次间的通道,使各市场优质资源实现共享,提高了资本市场的整体效率,优化 A 股市场资源配置。

第四,加强监管,提高违法违规成本。在充分发挥新三板自律监管职能的基础上,结合市场分层实施分类监管;利用大数据、人工智能等科技手段,提高监管效能;强化中介机构责任,提高挂牌公司信息披露与公司治理质量;自律监管、行政监管与法治监管相结合,加大联合惩戒力度,提高违法违规成本。

第五,完善市场退出机制的安排。健全市场退出制度,明确主动摘牌的程序与要求,健全强制摘牌制度,推出市场出清,有效清除市场"噪声",以提高投资者的价值发现能力和风险控制能力,促进形成良性的市场生态。

随着系列核心制度的推出以及实行连续竞价交易,降低投资者门槛、进行分类监管、完善退出机制等配套措施的出台,新三板完全具备了场内市场的核心功能,为新三板与科创板、创业板错位发展、互补合作奠定了制度基础。

新三板作为独立的资本市场,将全力助推中国科技创新型中小企业和民营经济的发展。

二、形成错位发展格局,提升市场效率

随着改革措施的稳步推进与落实,新三板逐渐具备了与创业板和科创板错位发展、互补合作的制度基础。

此次新三板改革举措中明确表示,要实现与沪深交易所的错位发展,补齐多层次资本市场短板。这意味着新三板、科创板、创业板各自有着明确的市场定位和服务对象,以实现科创资本市场体系各市场板块的差异化发展。其中,科创板主要服务符合国家战略、突破关键核心技术、市场认可度较高的优质科创企业;创业板主要服务具有相当规模和成长性的创新型企业;新三板主要服务于创新型民营中小型企业。

根据目前对新三板"转板"上市制度的安排以及对应板块挂牌公司和上市公司的市场表现,可以将科创资本市场体系中的新三板定位为基础市场,将科创板和创业板定位为高级市场。其中,基础市场中的企业发展阶段早,公司规模偏小,风险水平较高;高级市场中的企业处于发展阶段后期,公司规模相对较大,风险适度可控。三大市场企业的创新能力依据强弱表现依次为科创板、创业板和新三板。

政策导向与市场逻辑在很大程度上存在一致性。设立科创板、改革新三板和创业板,都是提升市场效率的政策举措。与此同时,各层次市场间的错位发展、多元互补、有序合作,无疑会进一步提高市场的整体运行与服务效率,这也是中国资本市场市场化改革的题中应有之义。

三大市场的互补合作具有必然性。服务效率随之提高,市场间合作也将成为一种常态。新三板作为科创型资本市场体系中的基础市场,通过建立"转板"制度,使得优质科创企业可以直接到科创板和创业板实现上市交易。一方面,满足了优质科创企业的大额融资需求;另一方面,由于转板提供了通畅的退出机制,会对增量市场资源产生较大的吸

引力，从而能有效激发新三板的市场活力。与此同时，对于科创板和创业板而言，一方面，新三板为其储备了大量优质的潜在上市标的，为市场规模迅速扩大奠定了坚实的市场基础；另一方面，新三板优质挂牌公司的市场属性为高级市场提供了大量的并购标的，为两个市场产业资源的有效整合提供了便利条件。

三、明确发力方向，落实改革举措

创业板运行至今已有10年时间，市场品牌优势早已树立起来；科创板虽刚刚设立，但借助于主板的"品牌优势"以及"天时、地利与人和"，也已成为中国科创资本市场的代表。近两年来，新三板由于融资效率较低、流动性出现不足，需要不断提高市场质量以恢复活力。资本市场的发展，信心至关重要，如何恢复市场信心，提升市场表现，是当前新三板亟须考虑的问题。

为充分发挥新三板的自身优势以补其短板，不断完善新三板的核心功能，今后的发力方向应在坚持"两手抓、两手都要硬"的原则下，沿以下两条线展开。

第一，有效落实此次市场化改革系列举措。应在短时间内尽快将改革举措中的核心部分有效落地。根据改革政策尽快出台相关实施细则，如入选精选层的标准、创新层公开发行的实施细则、转板制度的实施细则等。一方面，可以满足市场发展的迫切需求；另一方面，需要尽快修复市场信心，让市场参与主体真正感受到新三板的春天已经到来。

第二，切实加强监管，提高违法违规成本。此次新三板改革明确提出，将加强监管和提高违法违规成本作为核心改革举措。市场化与法制化是一枚硬币的两面，只有市场化没有法制化，不仅无法提高市场效率，还可能会引发系统性市场风险。市场化的核心目标在于信息披露高质量和违法违规高成本。

当前，新三板市场已经构建了较为完备的自律监管框架，但仍需切实强化行政监管和法治监管。此次改革在分层的基础上，通过实施分类监管，全面强化行政监管力度。基础层作为优质企业的培育层和储备层，其信息披露和监管相对宽松，可有效降低挂牌公司的显性财务成本和隐性机会成本。值得注意的是，作为可公开发行的创新层和可提供转板上市的精选层，在信息披露和监管方面要严格比照交易所市场的监管标准。此外，法治监管作为资本市场监管的最后底线，新三板应基于自身市场特点和监管经验，积极推动证券法的修改与完善，并推动集体诉讼在新三板试行等，强化法治监管。

以自律监管为基础，大力强化行政监管，积极推动法律监管，综合施治，提高违法违规成本是新三板今后监管的基本框架和原则。

（本文发表于《金融时报》2019年11月5日）

V

提高新三板的流动性

流动性的高低是衡量证券市场是否健康发展的重要参照。新三板自成立之日起，其流动性一直为市场广为诟病，其根本原因在于差异化制度供给不及时，以及市场化改革举措没有如期而至，导致市场信心跌至谷底。新三板本轮深化改革，有望从根本上解决流动性不足的问题。

新三板的流动性会大幅度提高吗

备受市场关注的新三板新交易系统计划于2015年5月19日正式上线。市场各参与主体对新系统上线后将大幅度提高流动性抱有极大期望。市场果真会如此吗？我们应该如何冷静客观地看待新三板目前和今后的流动性问题？

第一，新三板新交易制度的实施不是一步到位的，而是一个渐进的过程。2015年5月19日上线的新系统，支持的是在股转系统挂牌公司的协议转让和两网公司及退市公司的股票竞价转让业务。做市商交易制度将在2014年8月推出，而集合竞价交易制度目前还没有明确的时间表，新三板主管领导在公开场合只是表示将择机推出。因此，挂牌公司的股权流动性不可能像市场预期那样一下会有大幅度提高。

第二，新三板的市场定位决定了它不会像场内市场那样具备高流动性。新三板是为创新创业型中小企业搭建的股权交易平台。创新创业型企业的高风险特征决定了这个市场的投资者不可能是一般公众投资人，具有较高风险识别能力和风险承受能力的机构投资者才是新三板的主要投资人。这也正是新三板为什么要实行"投资者适当性管理制度"的根本原因。新三板的市场定位决定了这是一个小众市场，而不是一个大众市场，不可能像场内市场那样具备高流动性。对此，市场各参与主体必须有清晰的认知。

第三，新三板的做市商交易制度需要逐步完善，流动性也不会一下大幅度提高。根据国际经验，做市商交易制度是场外交易市场特别是美国纳斯达克交易市场最核心、最基本的交易制度，也是其成功的根本要素所在。新三板在 2014 年 8 月推出的做市商交易制度，已明确"做市商"由主办券商来担当。如果这是一个过渡性的制度安排，我们认为这是比较合理的，因为任何一个市场的制度建设和完善需要有一个渐进的过程。目前新三板的主办券商七十多家，基本上适应现在的市场规模。但随着今后市场规模的迅速扩大，应该适当扩大"做市商"范围，那些真正具有专业投资水平和能力的股权投资机构理应成为"做市商"，因为他们不管是在风险识别能力和风险承受能力方面比一般的机构投资人要强得多。目前的做市商交易制度，是一种垄断性的制度安排。未来我们需要构建一个具有竞争性的做市商交易制度和市场。

第四，集合竞价交易推出从理论上讲无疑会增加市场的流动性，但其前提是需要挂牌公司有足够多的可供交易的股票，即股权集中度要呈较为分散的状态。目前新三板挂牌公司的股权集中度较高，大多数挂牌公司很难达到集合竞价交易的基本要求。因此，集合竞争交易制度即使推出来，提高市场流动性也需要假以时日。

尽管以上诸多原因表明2014年5月19日上线后的新系统不会一下大幅度提高流动性。但由于开始实施新的交易系统和交易制度，至少会在一定程度上提高挂牌公司的流动性，主要表现在：一是扩大了投资人范围。新系统上线后，合格的个人投资者开始真正参与到这个市场中来；二是股票交易由原来的每手30000股下调到每手1000股，增加了投资人参与股票交易的机会，降低了投资人的风险。以上措施都会在一定程度上提高挂牌公司股权的流动性。

（本文发表于《证券日报》2014年6月4日）

新三板流动性难题如何解

2014年以来，新三板挂牌企业规模迅速扩大，但反映市场增长质量的核心指标——"流动性"却没有实现同步增长。由于流动性不足，对于大多数想到新三板融资的企业而言，新三板市场功能没有得到很好发挥。因此，新三板在实现规模增长的同时，亟待解决流动性难题。

新三板流动性不足，是目前制度安排的综合结果。提高市场流动性，也需要对现有制度框架进行系统调整。

第一，投资者适当性管理制度需要适时调整。按照现行规则，可参与新三板投资的自然人投资者需要500万元以上的证券资产，法人机构及合伙企业需要500万元以上的注册资本。基于新三板挂牌企业的高风险特征，鼓励机构投资人参与新三板投资是题中应有之义。但一个市场如果没有足够的自然人投资者参与，其流动性不可能从根本上得到改善。因此，调整投资人准入制度，适当降低自然人投资者的准入门槛，是提高新三板流动性的重要途径。

第二，尽快推出市场分层制度。美国纳斯达克市场的经验表明，实施分层制度的实质在于对挂牌企业的风险进行分层。风险层级不同的企业在交易制度、融资制度、投资者准入门槛等方面实施不同制度安排，可以提高投资人的风险识别能力，增强市场流动性。目前新三板挂牌企业具备了一定规模，并且在交易制度安排方面也推出了协议转让、做市商交易与集合竞价交易制度等多种交易方式，具备了分层的初步条件，但离理想的市场分层制度还有一定距离。

第三，完善做市商交易制度。2014年8月实施的做市商交易制度，是提高市场流动性的核心制度安排。但从目前情况看，做市商参与做市交易的积极性并不高。究其原因，在于目前的做市商制度是一种垄断性制度安排，只有券商才能成为做市商。没有引入市场化竞争机制。如果让有足够利益驱动的非券商机构成为做市商，就可以引入市场化竞争机制，完善市场定价功能，从而提高市场流动性。

第四，改革"主办券商特许制度"。目前新三板实行的"主办券商推荐制度"，沿用了交易所市场的证券商特许制度，并且主办券商就是原有交易所市场的券商。然而，券商并没有足够积极性从事新三板业务。如果主要市场主体都没有足够动力，市场流动性就不可能得到根本性改善。因此，有必要改革"主办券商特许制度"，允许有能力的非券商机构参与新三板挂牌企业的各项业务，以"市场化""民营化"手段来激活市场。

新三板流动性之所以不高，究其本质，是"核准制"制度安排下的结果。因此，解决问题的根本举措就是尽快在新三板实施"注册制"，采取市场化的方式来规范参与主体的行为。新三板应该成为中国证券市场的试验田，未来的新三板，应该以"市场化""民营化""国际化"为特色，成为国家创新战略的金融支撑，担当起中国经济转型的重任。

（本文发表于《人民日报》2015年1月5日）

新三板分层迈开了解决流动性难题的第一步

"股转系统"自2012年9月成立以来，经过三年多的发展，不管是在证券的发行、交易，还是在监管等方面，朝着市场化方向建立起了基本的制度框架。但流动性问题一直没有得到根本性解决，资本市场的基本功能没有得到有效发挥。2016年5月27日，"分层管理办法"的颁布和实施，从制度建设方面迈开了解决市场流动性问题的第一步。

市场分层管理制度，其作用有三：一是从微观层面看，市场分层有利于提高投资人的风险识别能力。新三板定位于为创新创业型企业提供资本市场服务，创新创业型企业由于其所处发展阶段，企业规模小、风险高，投资人需要具有足够的风险识别能力才会进行股票的投资和交易，市场分层管理的目的就在于提高投资人的风险识别能力，从而提高市场的流动性，解决挂牌公司的融资需求。二是从宏观层面看，市场分层管理有利于提高市场的整体效率与质量。市场分层管理将会加速挂牌公司的两极分化。那些真正具有创新能力的挂牌公司将会快速有效地得到资本的支持。相反，那些处在传统产业同时又不具备创新能力的企业将无法获得资本，从而遭到市场淘汰。市场分层管理制度将会促进市场优胜劣汰，起到优化资源配置，从而提高整体市场效率和质量的作用。三是从制度安排顺序来看，分层制度是解决流动性问题的基础性制度安排。新三板流动性问题的解决是一个系统工程。从发达证券场外市场的国际经验来看，需要构建包括分层制度、转板制度、竞价交易制度等在内的一系列制度。就新三板目前的现实制度安排来看，除以上制度安排外，还需要完善做市商交易制度、降低投资人门槛等。在一系列制度安排中，分层制度将会为转板制度和集合竞价制度的实施奠定制度基础。只有那些表现优秀的挂牌公司才能实现转板和进行集合竞价交易，而挂牌公司优劣的表现将由分层制度来安排。因此，从这个意义上讲，分层制度迈开了解决新三板流动性难题的第一步。

"股转系统"成立至今，前三年推出了市场化的基础性制度框架。从2016年开始，以推出市场分层管理制度为切入点，将迈入完善核心市场制度的发展阶段。有望在未来三年推出、完善的核心交易制度包括：转板制度、集合竞价交易制度、完善做市商交易制度和降低投资人门槛。随着上述制度的实行，新三板的流动性难题将会从根本上得到解决，可以预见的是，一个真正市场化的资本市场将会在中国出现。

就目前推出的分层制度安排来看，监管机构考虑到了目前市场所处的发展阶段，还考虑到了较为成熟的企业在新三板占了较大比重的现实，同时也考虑到新三板的市场定位是专门为创新创业型企业提供资本市场服务的要求，把新三板分为基础层和创新层，推出了符合创新层的三套标准、共同标准和维持标准。可以说，现有的制度安排符合目前的市场发展阶段和市场现状，但要让分层制度真正发挥市场作用，需要及时完善相应的配套制度，比如完善做市商交易制度、降低投资人门槛等。同时，我们还应该看到，今后随着市场的不断发展和壮大，借鉴发达国家证券场外市场的经验，也需要对目前的制度安排做出适当调整，层次将更加丰富，标准的制定要更加强调市场化和流动性。

分层制度的实施将对新三板的所有市场主体产生重要影响。首先，市场分层将使挂牌公司的经营行为发生改变，满足创新层的企业将有可能快速地获得资本，但真正要利用好资本需要企业尽快夯实管理基础和完善公司治理结构；其次，没有满足创新层的企业需要通过正当的经营手段创造条件达到创新层的标准，而不是通过非正当的行为达到此目的，这也有可能成为基础层企业弄虚作假的动机；再次，市场分层降低了投资人的信息收集成本，提高了风险识别能力，但同时也对投资人的价值发现能力提出了更高的要求，因为新三板毕竟是一个高风险的市场，企业进入创新层并不能依此标准对该企业做出价值判断，对新三板企业的投资仍须坚持价值投资的理念；最后，对处在不同发展阶段、具有不同规模和不同风险的挂牌公司分别管理，需要在制度上做出更加详尽、合理和科学的安排，以及监管能力要适应多层次市场管理的要求。因此，市场分层管理制度对监管机构的水平和能力提出了更高要求。

(本文发表于《证券日报》2015年5月30日)

"转板"成流动性困境突破口

在新三板市场流动性不足的环境下，新三板"转板"制度再度引发热议。笔者认为，通畅的退出机制有利于吸引大量机构投资者进入新三板市场，推行"转板"制度成为改善市场流动性的突破口。

正确认识新三板实施"转板"制度的必要性、重要性，可以从四个维度看：企业发展阶段对资本市场的内生性需求；从资本市场本身的效率角度；实施"转板"制度对改善流动性的重要作用；如何看待新三板"转板"与独立资本市场地位的辩证关系。

第一，实施"转板"制度是多层次资本市场体系发展的内在要求。建设多层次资本市场体系，在于为处于不同发展阶段的企业提供相应的发展平台，满足企业的融资需求。企业在不同的发展阶段，需要有不同的融资平台为其提供资本支持。

当企业处于初创阶段，不具备公募融资条件时，可以到 PE 市场融资以及场外市场融资。当企业发展到一定规模，达到公开发行融资标准时，可以通过公开发行融资。"转板"制度的建立，就是为企业在不同发展阶段，进入不同市场融资建立起的一种机制。此种机制的建立，降低了企业的融资成本，更重要的是满足了企业在不同发展阶段对资本的内生性需求。

第二，"转板"制度的建立，有利于提高多层次资本市场体系的整体资源配置效率。新三板是专门为创新创业型企业服务的资本市场，定位服务中小微企业，属于证券场外市场。市场定位不同，决定了交易制度的不同安排。而交易制度的不同，则决定了市场融资功能的强弱。实践证明，场内市场的融资功能显著强于场外市场，这是 A 股市场吸引新三板挂牌公司"转板"的市场基础。新三板的优质挂牌公司多处于战略性新兴产业，大多处于初创期或发展期，规模小、成长性高，融资需求强烈。这是新三板挂牌公司"转板"的内在推动力。新三板挂牌公司经过中介机构的"洗礼"，其规范性和透明度大大优于其他私人企业。这可以大大降低场内市场的培育成本。

新三板可以成为 A 股市场理想的预备板或孵化器。新三板的"苗圃"功能，一方面可以满足新三板优质挂牌公司进一步发展壮大的融资需求；另一方面为 A 股市场输送优质上市标的，使资本不断流向真正具备创新能力的公司，淘汰没有核心竞争能力的企业，从而优化资本市场的资源配置，提高多层次资本市场的整体配置效率。

第三，"转板"制度的实施可能成为改善新三板市场流动性的突破口。流动性不足是新三板市场运行的显著特征。不管是从股票交易的活跃度，或者是从挂牌公司平均融资规模大小，2016 年与 2014 年相比，都呈大幅度下降态势。

新三板流动性不足在于供需失衡,股票供给大,投资者太少。投资者规模目前大概为30万户。其中,个人投资者比例占90%左右,而10%左右的机构完成了60%左右的"定增"和百分之七八十的交易。因此,新三板是以机构投资者为主的市场。机构投资者投资的一个重要前提是要有通畅的退出机制。由于各项制度安排不及时或不到位,退出通道不通畅。多数机构投资者,特别是长期资金持有者的机构难有动力大规模进入市场。换言之,股票的主要需求者规模太小,导致新三板供需失衡。如果优质挂牌公司可以实现"转板",通畅的退出机制将吸引大量机构投资者进入新三板市场。因此,推行"转板"制度将成为改善新三板市场流动性的突破口。

第四,须正确看待新三板实施"转板"制度与独立市场地位的辩证关系。实施"转板"制度,不但不会损害新三板独立的市场地位,反而会巩固其独立市场地位。目前的市场状态是:水(资本)进去了,但没有出口。长此以往,新三板将成为"死水一潭",即流动性枯竭。采取"堵"的办法,不利于市场优化资源的配置,只有"疏"才会让市场形成良性循环。当企业看到这个市场能融到必要的资金,对投资者而言有顺畅的退出通道,新三板才会成为市场主体的主动选择。在新三板面临流动性困境、市场主体信心不足之际,"转板"制度完全有可能成为市场的"强心剂"。

(本文发表于《中国证券报》2017年2月15日)

标本兼治提高新三板流动性

为改善新三板市场流动性严重不足的局面,市场传闻"股转系统"准备从调整市场交易制度着手,完善市场化制度建设,从根本上改善市场流动性，促进市场持续健康发展。拟调整的交易制度，一是停止协议转让，推出集合竞价交易机制，二是推出大宗交易制度。以上两大交易机制与做市商交易制度一起作为新三板市场交易制度的"三驾马车"，将肩负起改善市场流动性的重任。

新三板流动性的提高是一个系统工程，"三驾马车"能否产生它应有的效应，一方面决定于"每驾马车"本身的制度安排是否适当；另一方面还要取决于制度得以发挥作用的共同市场基础。"三驾马车"只是"标"，解决供需失衡等问题才是"本"，只有标本兼治，新三板流动性才能有望彻底解决，给广大新三板企业和投资者带来福音。

一、"三驾马车"有望缓解流动

第一，从市场运行效果来看，目前新三板的交易制度安排存在诸多不足，阻碍了市场健康发展。最近，有传闻称新三板拟停止协议转让制度，推出集合竞价制度。

实际上，协议转让制度已经失去了赖以存在的市场基础，停止协议转让交易机制是完善市场交易制度的明智之举。数据显示，截止到目前，新三板挂牌公司86%是协议转让交易方式，做市商交易只占14%。协议转让作为新三板基础性的交易机制安排，发挥其作用的市场基础：一是要有足够多的主办券商为交易双方提供高效服务，以解决其信息非对称性难题；二是市场供需矛盾不突出，市场供需双方要均衡。目前，新三板挂牌公司众多，券商数量太小，服务效率低下，市场信息的非对称性问题不能得到有效解决，协议转让失去了存在的市场基础。有这样一组数据：新三板94家主办券商要服务11160多家挂牌公司，平均每家券商服务近120家；沪深交易所125家券商服务近3250家，平均每家券商服务25家上市公司。如果从时间维度考虑，即交易所市场到现在已经有25年的发展历程，而"股转系统"只有四年多的时间，两个市场券商服务企业的数量差距由此可见。更为重要的是，新三板目前的主办券商就是交易所市场的大部分券商，两个市场激励不兼容，券商从成本最小化和收益最大化角度出发，主办券商服务新三板挂牌公司的激励与动力严重不足。另外，目前主办券商受IPO提速和贫困地区IPO绿色通道等政策性因素影响，大部分主办券商都调整了新三板的业务方向，大幅度缩减了新三板的服务团队。与往年同期相比，2017年新三板新增挂牌公司下降幅度很大，很大程度是因为此种原因造成的。由于主办券商规模总体数量较小，激励与动力严重不足，导致对挂牌公司的服务缺位，信息的非对称性程度较高，协议转让作为基础性交易机制就不可能有效发挥作用。协议转让要有效发挥市场作用，除了要解决交易双方的信息非对称难题外，其实还要具备一个重要的市场基础，即市场供需大致均衡，供需结构矛盾不突出。

目前"股转系统"准备停止协议转让交易机制，取而代之的是实施集合竞价交易制度。不过，集合竞价虽然可能有效解决交易双方的信息非对称问题，但同样要面对协议转让交易面临的市场供需严重失衡，供需结构矛盾突出的问题。截至2016年，新三板挂牌公司达到10163家，投资者只有30多万户，平均每家企业拥有30多个投资者。沪深交易所目前3250多家上市公司，投资者1亿户左右，平均每家上市公司拥有30000多个投资者。简言之，沪深交易所股票供不应求，而新三板股票供过于求。新三板市场的投资者规模太小，远远满足不了股票供给的需求。对于一个健康运行的证券市场，股票交易双方应该有一个大致相当的规模，才能达到市场均衡状态，价格才能真正反映公司价值。供过于求和供不应求都是两种极端的市场状态，都是市场不健康的表现。新三板的流动性严重不足，从根本上说，是市场供需结构失衡造成的。

即将推出的集合竞价交易制度,如果投资者适当性管理制度不进行调整,投资者规模得不到迅速扩大,也同样要面对协议转让机制面临的市场窘境,流动性不可能从根本上得以改善。

第二,作为"三驾马车"之一的做市商制度,扩大它的数量和规模,引进多元化的做市主体是使其发挥核心交易机制作用的根本举措。做市商交易作为证券场外市场的核心交易机制,能起到价值发现、平抑价格波动以及提高市场流动性的作用。

新三板从 2014 年 8 月开始实施做市商交易制度,到目前为止将近三年,参与做市商交易的企业近 1600 家,做市商 91 家。2016 年,做市转让的公司共 1654 家,占市场总量的 16%,成交数量为 180.86 亿股,占所有公司成交数量的 49.16%;成交金额为 947.53 亿元,占所有公司成交金额的 51.66%。16% 的挂牌公司完成了一半的市场交易,做市交易功能得到一定程度的发挥,但总体市场运行结果差强人意,没有达到市场预期,参与做市交易的挂牌公司和做市商意愿不强,挂牌公司和做市商退出的现象频频发生。统计表明,2015 年至 2016 年底新三板共有 630 家做市商退出,涉及 181 家挂牌企业、77 家做市商。

究其原因,目前做市商交易存在的根本性制度缺陷,主要表现在:其一,做市商规模不够。新三板目前的做市商 91 家,做市商数量不足。随着新三板市场规模的扩大,做市商数量越来越捉襟见肘,满足不了挂牌公司对做市交易的需求。其二,做市商目前为券商垄断,在目前流动性不足、退出机制大为不畅的市场情况下,券商做市的激励与动力严重不足。其三,做市商主体单一,缺乏多元化和市场化的做市主体。为改变做市主体单一,让市场化的做市主体参与做市,2016 年下半年开始,PE 机构参与做市的试点启动,但因为试点方案的门槛太高,真正市场化的做市主体被挡在了市场外。针对做市商交易机制存在的根本性制度缺陷，扩大做市商的数量与规模，让市场化和多元化的做市商参与做市交易，是完善做市商交易制度的必由之路。

第三，大宗交易制度将会成为改善新三板市场流动性的重要交易机制。新三板的市场定位是为创新创业型企业提供资本市场服务。挂牌公司大多数处于发展期，其技术风险、市场风险、财务风险和治理结构等非系统性风险很高，是一个真正高风险的资本市场。这样的市场特征要求投资者具备较高的风险识别能力和风险承受能力，因此新三板是一个以机构投资者为主的市场。

其一，不管是理论上还是在实践中，新三板挂牌公司的定增和交易都是以机构投资者为主。大宗交易制度本质是满足机构投资者的特定交易需求，本应该成为新三板交易制度的重要有机组成部分，但截至目前仍迟迟不能落地，市场流动性受到严重影响。

其二，目前新三板作为场外市场，其核心交易制度做市商交易制度不完善，很多企业开始选择了做市交易转让方式，但发现在做市商做市资金相对不足，以及做市商做市意愿并不强烈的情况下，挂牌企业股东，特别是PE等机构投资者，大宗股票通过做市商转让投资者的交易通道尚未有效建立，二级市场又无法承受退出期限到达时股东减持大宗股权的冲击，做市交易反而制约了融资，影响了流动性，无奈之下又改为协议转让。因此，在目前做市商制度存在重大不足的市场环境中，推出大宗交易制度是改善市场流动性的重要举措。同时，挂牌公司的一些特定交易需求，比如履行"对赌"协议、员工激励方案的实施，以及引进有特殊资源的战略投资者（公司是做市交易）等，都需要通过大宗交易平台进行。

其三，大宗交易制度为投资挂牌公司的机构投资者，特别是PE机构投资者，提供高效的退出渠道。新三板的优质创新企业不管是在挂牌前的融资，抑或是在挂牌后的定向增发融资，其投资者大部分是作为财务投资人的机构投资者。这类投资者通常要求有通畅的退出渠道。只有大宗交易制度的优势才能基本保证此类投资者的交易需求。

二、标本兼治尚需三大"着力点"

新三板的市场交易制度改革要有效发挥作用，除了本身的制度安排要求适当性以外，还要具备共同的市场基础，为此进行的制度安排包括以下三个方面：

第一，调整市场准入制度是当务之急。市场供需均衡是市场健康发展的基本前提。不解决新三板市场供需严重失衡的状态，任何市场交易机制的实施都不能从根本上解决流动性问题，因此调整投资人适当性管理制度是当务之急。一个可供选择的思路是，对个人投资者的门槛从目前的500万元金融资产降低到100万元。新三板本质上是一个具备公开转让功能的私募资本市场，降低到100万元的门槛，符合2014年8月实施的《私募投资基金监督管理暂行办法》对私募投资人的基本要求。另外，让非券商机构参与做市，引进多元化和竞争性的做市商制度需要对做市主体的门槛进行相应调整。目前PE机构做市试点的门槛太高，把很多市场化的做市主体挡在市场门外，不利于做市交易流动性的提高。

第二，要及时提供差异化的制度安排。差异化制度供给是新三板制度供给的本质要求，符合新三板市场的基本特征。新三板市场的基本特征是：挂牌公司多，公司规模大小不一，质量参差不齐，风险高低相差很大。这样的市场无疑会给投资者带来"噪声"，扰乱投资者视线。投资者在这样的市场面前，不知道如何识别风险，也就不知道如何选择投资标的，市场流动性就会成为市场健康发展的最大问题。市场分层管理制度是差异化制度安排的基础性制度，因为分层的目的并不在于市场分层本身，分层本身只解决了"噪声"问题，并不能从根本上解决上市场资源配置的效率问题。在市场分层管理制度基础上的差异化信息披露制度、差异化交易制度，以及不同风险识别能力和承受能力的投资者适当性管理制度才是差异化制度供给的核心。不同的市场层级，其信息披露的内容、形式和时间不同，投资者面对的风险就不一样，交易机制的安排也就随之存在显著差别。在挂牌公司规模相对较大，成长阶段较为靠后，财务表现相对良好的层级，应该实施严格的信息披露制度，在此基础上实行集合竞价交易制度，投资者的门槛就可以适度降低。在企业规模较小，发展阶段处于发展期，甚至是初创期，目前财务表现还不太良好，风险较高的层级，可以实施较为宽松的信息披露制度，以做市交易为主，并辅之以大宗交易，此层级对应高风险承受能力的投资者。

第三，大力加强监管，切实保护投资者的利益。新三板作为市场化制度安排的证券市场，其监管框架与沪深交易所有着本质区别，它是以市场的自律性监管为主。特别是2016年，新三板全面加大了对证券中介服务机构、发行人和投资者等的违规监管力度。

目前存在的主要问题：一是没有发挥行业自律性组织在自律性监管中的作用。作为市场运行主体与监管主体的"股转系统"合二为一，不能很好地发挥市场效率和效率监管的作用。二是市场违规主体的法律责任不够，须尽快完成《证券法》的修改以加强市场违规主任的法律责任。市场化和法制化是市场化制度安排中一个问题的两个方面。违规主体的法律责任不够，违规的成本低，投资者的利益得不到有效保护，市场不可能持续健康发展。三是可以在新三板试行集体诉讼制度。在中国资本市场一直提倡多年，但始终没有推行的集体诉讼制度，可以考虑在新三板试行，以切实保护投资者的利益。

(本文发表于《金融世界》2017年第6期)

VI

新三板的投资策略

新三板是为科技创新型中小企业服务的资本市场，因市场化的制度安排，证券价格能较为公允地反映公司价值，以及挂牌公司的高成长性，决定了新三板是一个价值投资市场。新三板制度安排不及时、不到位所引致的系统性风险，以及挂牌公司所处发展阶段和投资人的投机性所导致的非系统性风险，决定了新三板是一个高风险资本市场。新三板投资应该遵循价值投资、集合投资和组合投资的基本策略。

新三板的投资价值与风险

在多层次资本市场体系中，新三板因市场化的制度安排及微观主体的高成长性，是真正的价值投资市场。但目前制度安排不到位导致较高的系统性风险。同时挂牌主体处于发展早期、公司规模小、管理不规范、治理结构不完善等因素又导致了较高的非系统性风险。系统风险与非系统风险叠加，使新三板真正成为一个高风险资本市场。如何正确看待新三板的投资价值与风险，一方面有利于投资人做出正确的投资抉择；另一方面有利于市场长期、持续、健康地发展。

一、新三板是价值投资市场

首先,新三板市场的证券价格较交易所市场更能真实反映公司价值。目前主板、中小板和创业板其证券发行制度依然为"核准制"。此种制度安排的核心是人为地控制证券的供给,即向市场供应多少证券、什么时候供给,完全由证券监管机构决定。这种非市场化的制度安排导致的最大问题是,证券价格难以准确反映公司的价值。在任何证券市场中,如果证券价格不能准确反映公司价值,可能导致标的企业经营管理信息失真,投资人难以做出正确的投资决策,价值投资也无从谈起。新三板不管是在证券发行、交易和监管等方面都是市场化的制度安排。虽然目前还存在诸多不完善之处,但随着制度安排的逐步到位,这些问题将会得到有效解决,市场的投资价值将进一步凸显。

其次,新三板挂牌公司较交易所上市公司通常更具成长性。交易所市场专门为大中型成熟企业提供资本服务,在交易所上市的公司规模大,市场、技术和商业模式比较成熟,风险较低,但成长相对缓慢。交易所市场适合低风险偏好、低风险识别能力以及低风险承受能力的大众投资者,适合进行二级市场的证券投资。新三板市场专门为具有创新能力的中小微企业提供资本服务。挂牌公司规模小,市场、技术和商业模式都不成熟,面临较高风险,但高成长性是其显著特征。新三板适合高风险偏好、高风险识别能力和高风险承受能力的机构投资者。新三板投资是伴随挂牌公司的高成长而带来的价值成长和风险溢价,是长期股权投资,是价值投资。该市场更适合一级半市场的投资,而非主要通过赚取二级市场的买卖差价来获取投资收益。

二、新三板是高风险资本市场

首先,新三板面临较高的非系统风险。新三板大多数挂牌公司处于初创期和发展期,公司规模偏小。小规模企业在技术、市场、财务和治理结构等方面都面临较高风险,属于非系统性风险。这些风险主要表现在:技术风险,即技术的产业化风险和技术团队的风险;市场风险,中小型企业在买方市场环境下,对产品和服务的创新能力有较高要求,面临较大的风险;财务风险,大多数挂牌公司面临缺乏健康的财务管理体系、财务团队成员的基本素质不高以及资金链可能断裂的风险;治理结构风险,挂牌公司大多没有建立起科学的决策机制,制度构建意识不够、能力不足,没有建立起有效的监督约束机制,没有建立起高效的股权或期权激励机制,面临较大的公司治理结构风险。

其次,因制度安排不及时和不到位导致的流动性不足风险。此风险属于系统性风险,也是新三板最大的系统性风险。新三板流动性不足主要表现在:挂牌公司平均融资规模较小。"股转系统"成立之后的前3年,每年每家企业平均融资规模只有七八百万元,相当于VC的A轮融资规模;2/3以上的挂牌公司依然不能得到资本的有效支持,能获得融资的企业占比只有20%左右;交易极度不活跃。月均换手率从2015年的0.7%降低到2016年上半年的0.47%。新三板流动性不足的深层次原因在于制度安排的不到位。

此外,投资人投机意识强烈,投机行为严重导致市场波动风险。此种风险既有制度安排不到位导致的系统性风险,也有因投资者的商业认知不足和投资专业技能不够导致的非系统性风险。新三板是一个高成长性资本市场,目前有9000多家挂牌公司,但投资者规模(开户数)只有25万左右,投资者规模与挂牌公司规模比例失调,投资者数量明显不足。这是由目前高门槛的个人投资者准入制度决定的。新三板的投资人须具备较强的风险识别能力和风险承受能力，因此其投资者结构应以机构投资者为主。但目前新三板机构投资者数量不足、质量不高，机构投资者中长期资金持有者的比例较低。这是由对机构投资者"一刀切"式的低市场准入门槛制度决定的。新三板对大多数投资者而言是一个新兴资本市场，有别于交易所市场的投资策略。因市场成立的时间不长，大多数投资者对新三板的投资规律没有真正掌握，还在不断的摸索过程中，不能有效地规避投资风险。更有甚者，有的投资者投机意识强烈，对新三板投资没有正确的商业认知，投机行为严重，希望尽快在市场里赚到快钱，完全不按照"集合投资、组合投资和价值投资"的基本原则进行投资，一味地追求其发展速度和规模，没有把风险控制放在首位，操作策略与二级市场股票投资如出一辙，加大了市场波动的风险。另外，由于新三板在交易制度安排上没有涨跌幅限制，监管宽松，也加剧了市场波动。因此，新三板市场系统性风险与非系统性风险叠加，投资者投机意识强烈，投机行为严重，投机现象盛行，是一个真正的高风险资本市场。

（本文发表于《中国证券报》2016年10月17日）

新三板的投资主体及基本策略

新三板因市场化的制度安排在速度和规模上呈迅猛发展态势。但因其微观主体基础薄弱，新三板在速度、规模上与市场质量之间存在巨大矛盾。纾解矛盾的路径之一，就是打造合理的投资者结构，构建良好的微观基础。就目前新三板的投资者现状来看，除了对投资者适当性管理制度做出必要调整、形成以持有长期资金的机构投资者为主的结构外，更为重要的是，需要引导机构投资者树立正确的商业认知，遵循价值投资的基本原则和理念，制定适当的投资策略。

一、引导机构长期投资

新三板专门为创新创业企业提供资本市场服务，市场定位决定了新三板应构建以机构投资者为主的投资者结构。就2015年的开户结构看，个人投资者占比为90%，机构仅为10%。但10%的机构投资者却贡献了90%的成交量和59%的成交额。这表明新三板市场实质性交易是以机构投资者为主，符合新三板对投资者结构的基本要求。目前，机构投资者主要由私募基金、公募基金的资产专户（相当于私募基金），以及做市商（目前是券商）构成，且大部分是私募基金。总体来看，基金产品规模较小，分散风险能力有限。基金产品的存续期较短，大多数产品为"2+1"或"3+1"。这表明这些机构投资者难以坚持长期投资和价值投资的基本策略，而是偏向于证券二级市场的投资策略，且具有严重的投机倾向。目前的机构投资者现状带来两大不良后果：一是投机行为严重，加剧了市场波动，增加了新三板的系统性风险；二是大量短期资金充斥市场，挂牌公司很难募集到长期稳定资金，不利于实体经济资本的形成，资本市场的基本功能不能得到有效发挥。

要改变目前机构投资者现状，在制度安排方面可从四方面考虑：一是加强对机构投资者的市场准入管理，不能仅仅是500万元注册资本或实缴资本"一刀切"式的准入管理，应对基金产品的规模和存续期做出明确要求；二是鼓励和开放长期资金持有者，如公募基金、保险基金、养老基金等入市；三是对持有不同期限的基金产品股权转让所得实行不同比例的税收优惠政策，引导机构投资者进行长期投资；四是通过调整个人投资者的市场准入门槛及税收优惠等政策，引导个人投资者投资私募基金和公募基金,间接进行新三板投资,形成真正以机构投资者为主的资本市场。

二、避免二级市场炒作模式

从投资风险视角看,新三板是可以进行公开转让的定向发行市场,对新三板公司的投资,既不是纯粹的 PE 投资,也不属于纯粹的证券二级市场投资,而是介于 PE 投资和证券二级投资的一种股权投资方式。相对于 PE 投资,新三板市场大大降低了创新企业的合规性风险,以及由信息不对称带来的财务风险。相对于交易所市场的 Pre – IPO 投资,新三板投资退出的风险也大为降低,主要表现在退出时间相对较短,退出的机会成本降低,以及对投资锁定期的宽松要求。针对新三板的资本市场属性,投资机构须根据自身资源、能力和定位,树立正确的商业认知制定投资策略。

由于新三板市场的"高风险"基本属性,有些基本策略应该遵守。"集合投资"是分散风险和实现价值成长的基本前提。这应该是基本的投资原则和策略。投资人的智慧、专业和经验难以完全规避创业企业的各种风险,规避风险的最有效办法就是集合单个投资人的资金形成一定规模,然后分散投资到不同的创业项目中,以基金"集合投资"的功能优势有效分散项目方的非系统性风险。但目前很多投资机构为了快速做大规模,抢占市场,针对单个项目融资而进行投资的现象俯拾皆是。采用如此的投资方式,项目公司的非系统性风险高度聚集。

"组合投资"是分散风险和实现价值成长的保障。投资企业成长中后期的项目基本收益较为稳定,但由于投资人对新三板市场的高收益预期而可能对基金管理人失去信心。完全投资偏早期的项目,LP 面临较高的投资机会成本;同时早期项目风险过大,投资失败的概率高。为确保基金既有较为稳定的基本收益，同时还可能获得高收益的投资机会，"组合投资"是较好投资策略。新三板基金可按照项目公司的成长阶段和风险收益特征，把成熟项目、高成长性项目和高风险性项目进行一定比例组合。考虑到新三板市场的企业特征，高成长性项目应成为新三板基金组合的主打项目，具体比重可根据投资人的风险偏好而定。高风险偏好的投资人可加大对早期项目的投资比例，投资风格保守的投资者可加大对成熟项目的投资。

"高成长"与"高风险"是新三板市场的基本特征，因此投资新三板的创新企业，单纯采用证券二级市场的投资方式可能行不通，主要通过判断创新企业的高成长性来实现价值，同时通过投资策略获取资本市场的风险溢价。对新三板公司的价值评估不能完全照搬成熟 PE 投资的估值模型，更多应采用 VC 的估值方法和模型。目前大多数新三板基金是短期产品，二年期和三年期的占比较高。这一方面反映了基金管理人及投资人对新三板的市场属性还没有完全了解，还在摸索投资规律；另一方面也显示出投资机构的不成熟和非理性。在新三板市场，实现投资价值应该是伴随创新企业的高成长，因此这个市场更适合于长期股权投资。

（本文发表于《中国证券报》2016 年 10 月 31 日）

三大基本策略教你投资新三板

新三板市场的投资者对市场的正确认知及所采取的投资策略和行为，是新三板持续健康发展的微观市场基础。新三板市场的投资者须在把握好新三板市场本质的基础上，充分认识新三板市场的投资价值与风险，秉持"价值投资"的核心逻辑，采取"集合投资"、"组合投资"和"长期投资"的基本策略，投资于优质的创新型企业，以伴随创新企业的高成长而获取长期价值回报，规避投资风险。

一、投资基础：认清市场本质

新三板的投资者要采取正确的投资策略和投资行为，须认清新三板的市场本质。新三板的市场定位是服务于创新创业型企业。创新创业型企业大多处在初创期或发展期，"小规模"和"高风险"是其基本市场特征。这就决定了新三板的证券发行对象不能是一般的公众投资者，而是特定对象的投资者。特定对象的投资者所具有的基本风险特征是：其一要具有高风险识别能力；其二要具有高风险承受能力。

针对新三板的市场定位，新三板目前的证券发行制度正是定向发行制度，即向特定对象的投资者非公开发行证券。特定对象的投资者具体包括：一是公司股东、董事、监事、高级管理人员和核心员工；二是具有 500 万元以上证券资产市值的个人投资者；三是注册资本在 500 万元以上的法人机构，以及实缴资本在 500 万元以上的合伙企业。

从市场结果来看，虽然新三板的投资者开户数 90% 左右是个人投资者，但 10% 左右的机构却完成了 70% 左右的股票认购和交易。换言之，新三板是以高风险识别能力和高风险承受能力的机构投资者为主的，是特定对象的投资者，而非公众投资者，所以新三板是一个"私募证券市场"。

另外，按照新三板的股票转让制度安排，挂牌公司的股票可以公开转让。因此，新三板市场本质上是一个具有公开转让功能的"私募股权资本市场"。即使新三板今后在再分层的基础上调整证券发行制度，在创新层或精选层实施"公开发行"，也不会改变其市场本质。因为进入创新或精选层的企业毕竟是少数，大部分企业处在基础层，市场基础未变；市场定位没有本质变化；对投资者的基本要求同样也没有改变，只是为了优化资源配置而进行了差异化的制度安排而已,市场本质不会改变。

二、投资风格:高风险与高收益并存

新三板作为创新型资本市场,是中国多层次资本市场体系里的价值投资市场。新三板的投资价值,可以从以下三个维度来理解。

一是相对于传统的 PE 投资,新三板投资降低了投资风险。其一,降低了项目公司的信息收集和整理成本。传统的 PE 投资,项目公司的信息收集和整理难度大,获取项目的渠道成本较高。而新三板挂牌公司的信息相对集中,虽然整个市场目前有近一万两千家企业,但真正具有投资价值的标的也就占 10% 左右,信息收集的难度大大降低了。信息渠道明显,可以直接或间接地从证券中介服务机构获取项目信息,项目获取相对容易,渠道成本较低。假定投资机构同样的营运成本,新三板投资可以达成较传统 PE 3~5 倍的投资规模。其二,降低了创新创业型企业的"合规性"风险。挂牌公司经过证券中介服务机构的程序性和规范性服务,不但在法律、财务和治理结构等方面要满足公众公司的"合规性"要求,而且其日常经营管理也要达到企业作为公众公司的内生性发展需求。其三,降低了创业型企业财务信息失真的风险。在 PE 投资实践中,由于投资者和融资企业的信息非不对称性程度较高,再加上中国目前还没有形成一个良好的信用环境,融资企业有动机进行财务造假,给投资者带来信用风险。挂牌公司是公众公司,财务要求规范与透明,要满足市场监管对财务规范性的要求,财务信息失真的风险大为降低。其四,新三板挂牌公司的股票可以公开转让,降低了投资的流动性风险。相对于交易所市场的 Pre-IPO 投资,新三板投资退出的风险也大为降低,主要表现在退出时间相对较短,退出的机会成本降低,以及对投资锁定期的宽松要求。其五，投融资双方的信息对称性程度相对提高，形成了一个较为合理的定价机制，证券价格与公司价值背离的风险大大降低。

二是新三板的证券价格较交易所市场更能反映公司价值。众所周知，主板、中小板和创业板到目前为止，其证券发行制度依然为"核准制"。此种制度安排的核心是，人为地控制证券供给，即向市场供应多少证券、什么时候供给完全由证券监管机构决定。证券供给人为地受政府控制，证券的市场需求呈刚性，此种非市场化制度安排导致的最大问题是，证券的价格可能不能真实反映公司价值。中国证券市场的高市盈率是证券发行制度安排的必然结果。在任何证券市场中，如果证券的价格不能准确反映公司的价值，标的企业信息失真，投资人就难以做出正确的投资决策，市场的资源配置就难以得到优化。新三板不管是在证券发行、交易和监管等方面都是市场化的制度安排。虽然目前的制度安排还存在诸多不完善之处，但随着制度安排的逐步到位，这些问题会得到有效解决，市场的投资价值会进一步显现。

三是新三板挂牌公司较交易所上市公司更具成长性。交易所市场是专门为大中型成熟企业提供资本市场服务的。上市公司企业规模大，市场、技术和商业模式比较成熟，风险较低，但成长较为缓慢。交易所市场投资适合低风险偏好、低风险识别能力以及低风险承受能力的大众投资者。该市场适合进行二级市场的证券投资。新三板是专门为具有创新能力的中小型企业提供资本市场服务的。挂牌公司规模小，市场、技术和商业模式都不成熟，面临较高风险，但高成长性是其显著特征。新三板适合高风险偏好、高风险识别能力和高风险承受能力的机构投资者投资。新三板投资是伴随挂牌公司的高成长而带来的价值成长和风险溢价，是长期股权投资，是真正的价值投资。

除了是一个价值投资市场外,新三板还是一个高风险资本市场。新三板市场的风险,有挂牌公司市场质量薄弱带来的非系统性风险,也有市场化制度安排不及时带来的系统性风险,还有投资者不成熟、投机行为严重带来的市场波动风险。在目前阶段,三重风险叠加,使新三板成为高风险资本市场。

首先,挂牌公司质量不高导致非系统性风险。新三板大多数挂牌公司处于初创期和发展期,企业规模小是基本的市场特征。小规模企业在技术、市场、财务和治理结构等方面面临较高的非系统性风险,主要表现:一是技术风险。集中表现在技术的产业化风险和技术团队的风险。二是市场风险。在买方市场环境下,消费者对产品和服务的创新能力有较高要求,企业面临技术和产品生命周期缩短,技术和产品迅速被竞争对手替代的风险。三是财务风险。创业型企业大多没有一个健康的财务管理体系、财务团队成员的基本素质不够,以及资金链有随时断裂的风险。四是治理结构风险。挂牌公司没有完全建立起科学的决策机制,没有建立起有效的监督约束机制,没有建立起高效的股权或期权的激励机制,面临较高的治理结构风险。五是日常经营管理不规范的风险。小规模公司,制度的构建意识不够以及制度的构建能力不足,管理基础薄弱不足以支撑公司的高速成长,导致公司丧失最佳的发展机会。

其次,因制度安排不及时引致系统性风险。目前新三板的制度不完善主要表现在:一是企业挂牌的低门槛市场准入制度已不适应市场发展需要。二是个人投资者门槛太高,机构投资者几乎没有门槛,导致了投资者规模小、投资者质量不高、市场供需结构严重失衡。三是券商垄断市场资源,但激励与动力不足、市场服务效率低下。四是没有推出机构投资者特定交易需求的大宗交易平台。五是做市商制度不完善,做市商规模不足,做市商没有激励与动力从事做市业务。六是没有推出竞价交易制度。七是至今没有推出摘牌制度。八是在市场分层的基础上没有推出相应的差异化制度安排。九是没有推出"转板"制度。十是自律性监管架构还处在摸索中，违规主体的法律责任不够，违规成本太低，投资者的利益得不到有效保护。以上制度安排的诸多不完善，使市场面临较高的系统性风险，导致流动性严重不足，甚至面临枯竭。

最后，投资人投机意识强烈和投机行为严重引致非系统性风险。新三板因市场成立的时间不长，大多数投资者对新三板的投资规律没有真正掌握，还在不断的摸索过程中，不能有效地规避投资风险。更有甚者，有的投资者投机意识强烈，对新三板投资没有正确的商业认知，投机行为严重，希望尽快在市场里赚到快钱，完全不按照"集合投资、组合投资和价值投资"的基本原则投资，一味地追求其发展速度和规模，没有把风险控制放在首位，操作策略与二级市场股票投资如出一辙，加大了市场波动的风险。另外，由于新三板在交易制度安排上没有涨跌幅限制，较为宽松，也加剧了市场波动。因此，新三板市场系统性风险与非系统性风险叠加，投资者投机意识强烈，投机行为严重，投机现象盛行，是一个真正的高风险资本市场。

三、核心投资逻辑：价值投资

如何合理投资新三板呢？

首先，投资高成长性挂牌公司的价值投资是新三板的核心投资逻辑，也是长期投资逻辑。新三板挂牌公司大多处于公司的初创期和发展期，属于典型的小规模公司，未来三年到五年的"高成长"是挂牌公司的显著发展特征。按照 PE 行业的市场实践，衡量企业"高成长性"的关键指标是，公司未来三年至五年的年复合增长率不低于30%，最好达到50%。这是挂牌公司进入创新层的标准之一，也是创业板市场对企业成长性的基本要求。决定挂牌公司"高成长性"的基本市场要素和管理要素包括：一是挂牌公司所处产业是新兴产业，这是决定企业高成长性的市场前提条件。二是企业必须拥有自主的知识产权或核心能力，这种技术或能力能为企业带来核心竞争优势。另外，技术还要有成本优势，能快速地扩大市场规模。三是企业要有独特的商业模式。商业模式要求企业创造价值的逻辑是清晰的、是经过市场检验的。对于企业自身来讲，商业模式是可以迅速复制的。商业模式的独特性能为企业带来核心竞争优势。四是企业要有制度化的治理与管理。挂牌公司只有构建起较为完善的治理结构与规范的经营管理制度，才具备高成长性的管理基础。投资新三板挂牌公司的"高成长性"，其实质是要求投资人伴随创新企业的长期价值成长以获取价值回报，而不是以通过买卖证券二级市场差价以获取短期财务收益为目的。

其次，获取流动性溢价是新三板的短期投资逻辑。新三板目前处在市场化制度完善的发展阶段。因市场制度的不完善导致了目前市场流动性严重不足。伴随各项差异化制度供给的逐步实施，新三板的流动性将会得到一定程度的改善和提高，制度红利将为新三板的投资者带来较高的流动性溢价。这主要表现在：一是退出机制较为通畅。一方面可以在新三板直接实现退出；另一方面可以通过"转板"通道在交易所市场实现退出。退出风险降低，流动性提高，流动性溢价得以体现。二是市场退出机制的完善，将会带动市场整体价值的提升，从而带来一定的流动性溢价。三是"转板"通道建立起来后，许多优质企业可以通过"转板"在场内市场实现有效退出。场外市场与场内市场的价值落差为投资者带来流动性溢价。

新三板的市场定位决定了"价值投资"是新三板的长期投资逻辑和核心投资逻辑，这种投资逻辑将贯穿新三板市场发展的始终；而新三板目前所处的市场发展阶段则决定了获取流动性溢价是新三板的短期投资逻辑。在未来三年到五年内,这两种投资逻辑将并行不悖。当新三板各项市场化制度建设日趋完善,制度红利带来的流动性溢价将会逐步消失,新三板投资市场的竞争将是真正的价值发现能力的竞争,价值投资将真正得以体现。

四、投资策略:集合+组合+长期

针对新三板的资本市场属性,投资机构须根据自身的资源、能力和定位,树立正确的商业认知,制定正确的投资策略。但是,以下基本策略是所有机构投资者须共同遵守的,这是由新三板的投资价值和高风险的基本属性决定的。

首先,"集合投资"是分散风险和实现价值成长的基本前提。"集合投资"是新三板所有投资机构首先应遵行的基本投资策略。新三板是一个高风险资本市场,集合投资能有效分散风险。面对创新创业型企业,投资人即使穷尽所有智慧、专业和经验都不可能完全规避企业的各种风险。规避风险的最有效办法就是集合众多单个投资人的资金形成一定的资金规模,然后分散投资到不同的创业项目中,以基金"集合投资"的功能优势有效分散项目方的非系统性风险。然而,目前新三板市场的很多投资机构,针对单个项目融资而进行投资的现象俯拾皆是。如此投资模式所导致的结果是,项目公司的非系统性风险不能通过基金分散风险的功能来实现。"集合投资"作为 PE 行业的"铁律"在新三板投资中显得尤为重要。

其次,"组合投资"是分散风险和实现价值成长的保障。新三板的"高风险"特征使得任何单一的市场定位都会面临高风险。投资企业成长阶段中后期的项目可能会有一个较为稳定的基本收益,但有可能导致投资人对新三板高收益预期而对基金管理人的管理能力失去信心。但完全投资偏早期的项目不仅使 LP 面临较高的投资机会成本，更为重要的是，早期项目风险过大，投资失败的概率要比成熟项目高很多，投资人不仅需要承担项目方的非系统性风险，而且还要承担基金管理人对早期项目判断失误带来的风险。

为确保基金既有较为稳定的基本收益，同时也有可能获得高收益的投资机会，"组合投资"是既能很好地分散风险，同时又能实现较好价值增长的投资策略。一只新三板基金可按照项目公司的成长阶段和风险与收益特征，把成熟项目、高成长性项目和高风险性项目进行一定比例的组合。由于新三板的总体市场特征是高成长性，因此高成长性项目理应成为新三板基金组合的主打项目。而成熟项目和高风险项目在基金组合投资中的比重可根据投资人的风险偏好择机而定，即高风险偏好的投资人可加大对早期项目的投资比例，而投资风格保守的低风险偏好投资者可加大对成熟项目的投资。

最后，"长期投资"是新三板投资实现价值成长的关键。新三板是一个高成长性的资本市场，"高成长性"是新三板的基本市场特征。投资新三板的创新企业，价值实现的基本方式不是依靠证券二级市场投资来获取买卖价差，而是通过投资创新企业的高增长性来获取价值成长所带来的价值实现。因此，对新三板公司的价值评估也不能完全照搬成熟 PE 投资的估值模型，更多地应采用 VC 的估值方法和模型。目前，新三板的基金产品大多数是短期产品，二年和三年的基金产品所占比例较高，这一方面反映了基金管理人及投资人对新三板的市场属性还没有完全了解，对新三板的投资规律还处于摸索之中。另一方面也说明了投资机构的不成熟和非理性，甚至有严重的投机心理和投机行为。其实，新三板因市场化的制度安排、微观主体的高成长性，以及财务信息较高的真实性，在中国多层次资本市场里是属于真正的价值投资市场。

新三板投资价值一定是伴随创新企业的高成长而带来的长期价值增长实现的，它是一个真正适合长期股权投资的资本市场。这是新三板投资的核心逻辑和本质要义。

（本文发表于《金融世界》2017年第7期）

VII

科创板的探索与实践

在上交所设立科创板并试点注册制，完善资本市场基础制度，一方面为中国资本市场市场化改革探索道路；另一方面大力助推中国科技创新企业的产业化。科创板、创业板是中国科创资本市场的高级市场，新三板是基础市场。科创板的市场化生态有益于新三板发展，新三板深化改革奠定了新三板与科创板、创业板竞争与合作的制度基础和市场基础，中国科创资本市场进入效率时代。

构建中国创新型资本市场的良性生态系统

上海证券交易所将设立科创板并试点注册制，如果把科创板定位为创新资本形成的高级市场，新三板作为服务于创新创业型中小企业的基础市场就不能偏废，要把新三板建设成为中国创新型资本市场的基础市场，协调发展新三板与科创板，构建中国创新型资本市场的良性生态系统。

一、应科学定位科创板

科创板首先是要支持上海成为中国的国际金融中心。资本市场的国际化因素,要成为科创板战略定位首要考虑的因素。应把科创板打造成美国纳斯达克交易市场全球精选市场那样的市场板块,吸引全球优秀的科技创新企业到科创板上市,以真正实现中国与国际资本市场的完全接轨。

科创板需要有效避免与创业板、新三板定位的重叠度,进行差异化战略定位。为中国本土的科技创新型企业提供资本市场服务,可能是科创板的核心战略定位。与此相联系,科创板也是中概股企业回归本土资本市场最好的土壤。因此,科创板的市场服务对象或将是本土科技创新型企业、中概股企业和优秀的国际科技创新型企业。

科创板肩负资本市场市场化改革探索的使命,决定了科创板在较长时间内速度既不会很快,市场覆盖面也不会很大。市场覆盖面如果像新三板那样大,几千家企业,甚至上万家企业,一旦改革发生偏差,将有可能发生系统性金融风险。基于科创板注册制的探索性质,决定了它是创新型资本市场的小众市场,以区别于新三板的大众市场。

目前中国创投市场健康发展的最大瓶颈在于没有构建一个完全市场化的公开证券市场。科创板在企业的市场化准入方面要考虑到 PE 机构的价值发现功能和价值评估作用,在交易制度方面要为 PE 机构提供顺畅的退出通道,真正打通 PE 产业链的关键环节,促进中国创新资本的形成。

科创板作为创新型资本市场的高级市场,需要进行产业聚焦。应站在第四次工业革命浪潮的高度,结合中国经济结构转型,同时看到中国科技创新中存在的现实不足以及全球主要证券交易所产业资源竞争等因素,来设置相应的产业准入门槛。人工智能、生物医药、智能制造和新材料应该成为科创板高度关注的科技创新产业。

二、科创板与新三板要协调发展

科创板、创业板、新三板共同构成中国创新型资本市场体系,科创板、新三板分别作为创新资本形成的高级市场和基础市场,应协调发展。一方面,高级市场的良性发展离不开基础市场建设,基础市场可以为高级市场提供优质的市场资源。另一方面,高级市场可以为基础市场提供更好的融资平台和退出通道。当然,不管如何差异化发展,在一定程度上的市场重叠和竞争也难以避免,这也是市场竞争的必然结果。政府应从国家战略高度,以提高市场效率为宗旨,以共同促进科技创新企业的产业化为基本原则,给予两个市场同等的市场机会和政策资源。

市场的差异化定位或错位发展,不是以市场的基本构成要素进行区分的。只要是证券交易场所,就应该具备证券交易场所的所有基本市场要素。新三板应在进一步分层的基础上,尽快落地实施公开发行、连续竞价等证券发行和交易机制。要力争用三年到五年的时间,把新三板打造成为中国创新型资本市场的基础市场,与科创板、创业板共同构建起中国创新型资本市场的良性生态系统。

三、稳步推进新三板改革

推进新三板改革,要做到市场发展与制度供给的平衡。新三板经过五年多的发展,已具备较好的市场基础和制度基础。但自2016年市场分层改革以来,差异化制度供给没有及时跟上以及制度供给的全要素不匹配,市场信心跌至谷底。估计2017年全年股票发行不及2016年的一半,市场流动性严重不足。如果不及时采取正确的改革举措,新三板将丧失最好的市场发展时机。

新三板要实现市场供需结构的大致平衡。新三板挂牌融资企业众多,但投资者规模太小,市场供需结构严重失衡。其深层次原因在于,一方面,融资企业多,市场需求太大;另一方面,投资者适当性"不适当",个人投资者门槛太高,资金供给规模过小。目前迫切需要对投资者适当性进行适度调整,以平衡市场的供求关系。

新三板要实现一级市场和二级市场的平衡。新三板运行五年多来,一级市场基本建立起来,但二级市场还不够完善,定价功能没有得到很好发挥。未来需进一步扩大投资者规模、完善做市商制度,以及从单一交易方式向混合交易方式转变。

推进新三板改革,要做到基础市场和高级市场的平衡。新三板挂牌企业众多,发展阶段不同,风险各异。在市场分层管理基础上提供差异化制度安排是本阶段新三板制度供给的核心。新三板的改革方向,应在推出精选层的基础上,实施证券发行、交易、信息披露以及降低投资者门槛等方面差异化制度供给,通过搞活新三板的高级市场以带动整个市场的健康发展。

新三板市场应实现自律监管与法制监管的平衡。目前新三板业已建立起较为完善的自律监管体系,但法制监管亟待加强。一些挂牌企业因法制观念淡薄,财务造假现象时有发生,损害了投资者的合法权益。修改《证券法》等法律法规,加大对违法违规者的惩戒力度,保护非上市公众公司投资者的合法权益已刻不容缓。

(本文发表于《上海证券报》2018年11月20日)

中国科技创新和资本市场改革深化的强大引擎
——全面解读科创板

2019年1月30日,中国证监会颁布《关于在上海证券交易所设立科创板并试点注册制的实施意见》(以下简称《注册制的实施意见》)、《科创板首次公开发行股票注册管理办法(试行)》(以下简称《注册管理办法(试行)》),以及《科创板上市公司持续监管办法(试行)》(以下简称《持续监管办法(试行)》)。与此同时,上交所发布了《上海证券交易所科创板股票发行上市审核规则》(以下简称《发行上市审核规则》)、《上海证券交易所科创板股票发行与承销实施办法》(以下简称《发行与承销实施办法》)、《上海证券交易所股票上市规则》(以下简称《股票上市规则》等六大配套落地政策的征求意见稿。至此,科创板拉开了中国资本市场市场化改革的大幕,成为中国科技创新和资本市场深化改革的强大引擎。

一、改革背景及意义

2018年11月5日,国家主席习近平在上海首届进口博览会上宣布,在上海证券交易所成立科创板并试点注册制,支持上海成为国际金融中心和科技创新中心,完善资本市场基础制度。证监会实施意见出台和上交所配套措施落地,不到3个月时间,改革力度之大,速度之快,堪称中国经济改革史上的奇迹,真正诠释了什么叫"中国速度"和"中国模式"。这一切,看似偶然,实则必然。

第一,科创板是中国经济新旧动能转换的需要。40年改革开放让中国经济一跃成为世界第二大经济体。其经济增长模式主要表现为,低成本的制造、政府主导型投资，以及以进出口贸易为主的三大经济增长动力。中国经济经过40年的发展，其内外经济环境发生了本质变化，主要表现在，人口红利逐渐消失，投资的边际收益递减，全球产业链格局发生显著变化。为此，中国经济模式必须进行根本性的转变，由原来以"外需"为主的经济增长方式，转变为以"内需"为主的增长方式，由过去政府主导型的投资转变为以市场为主的资源配置方式，由以往以低成本制造为主转变为高效率科技创新为主的新经济增长模式。2017年第三产业对经济增长贡献率已经占到58.8%，但以科技创新为主的新经济增长模式并没有完全成型，甚至可以是说刚刚起步，目前的中国经济增长依然建立在低成本的制造增长方式之上。新经济增长模式实现的前提是构建一个支持科技创新的强大资本市场以实现资源配置方式的市场化。以注册制为基础的科创板，以及由此实现的资源配置方式市场化的中国资本市场，将为科技创新注入源源不断的金融资源，为实现新旧动能的转换提供强大的金融支持。

第二，科创板是中国引领人类第四次工业革命浪潮的需要。人类近现代文明的前进无疑是以工业革命的发展为主线的，世界主要民族国家之间的竞争也是以工业革命的成果作为竞争的主要手段和工具的。英国在18世纪中叶首先开启了以"机械化"为标志的工业革命进程，为其成为日不落帝国奠定了强大的工业基础和经济基础。紧随其后，法国、德国、美国和日本等主要经济体也都相继进行了工业革命。德国在19世纪中叶开始了以"电气化"为标志的第二次工业革命，大量原创性科学技术和发明首先在德国出现，但在美国得到大范围的市场推广和应用。日本从明治维新开始，也走上了第二次工业革命的道路，使其成为强大的现代化、工业化强国。美国在完成第二次工业革命以后，在19世纪末期超过英国成为全球最强大的国家。中国在全球第一次工业革命浪潮时，正处在封建王朝清政府最强盛的康乾盛世时代，闭关锁国是必然选择，因此也就错过了第一次工业革命。英国、美国、德国、法国和日本等主要国家，在相继完成了第一次和第二次工业革命之后，由于资本的内在属性需要全球化的市场和资源，在强大经济和先进军事技术的支持下，开启了全球的殖民化时代。中国成了前两次工业革命最大的受害者，直至1949年新中国成立。20世纪中叶，以"信息化"为标志的第三次工业革命浪潮，以美国为发端，并引领全球，巩固了美国在20世纪成为全球头号经济、军事和科技强国的地位。20世纪成了美国的世纪，美国在国际政治、经济、科技和军事等各领域，无人望其项背，独霸全球。新中国成立后的前30年，应该说是在全力弥补前两次工业革命落下的课，再加上经济体制和政治体制等方面的深层次原因，也没有赶上第三工业革命浪潮的上半部。改革开放的中国，因制度变革释放了资源的巨大优势，奠定了经济、科技和军事的基础，坐上了末班车，赶上了第三次工业革命的下半部，为中国引领第四次工业革命浪潮奠定了经济和科技的坚实基础。纵观人类前三次工业革命浪潮，不管是英国、法国、德国和日本，特别是引领第三次工业革命浪潮的美国，金融市场，特别是资本市场，无不为工业革命提供了强大的金融支持。甚至可以说，没有一个发达的金融市场，就不可能进行真正的工业革命。目前，人类在20世纪刚刚跨过"信息化"的第三次工业革命以后，进入21世纪，以云计算、大数据、物联网为基础的人工智能等信息技术，以"智能化"为标志的第四次工业革命浪潮，以迅雷不及掩耳之势，扑面而来。中国是否能够引领第四次工业革命浪潮，使21世纪成为中国的世纪，除了具备强大的技术创新能力之外，是否能够构建起一个支持科技创新的强大金融体系，是引领第四次工业革命浪潮的关键。

第三，科创板是中美贸易战的必然产物。2018年3月，美国首先发起了对中国的贸易战。这场贸易战堪称全球经济史上规模最大的贸易战，虽然目前稍显休战的迹象，但并不排除会一直以边打边谈的状态持续下去，真正结束的可能性不大。对此，我们预计，此次刚刚开启的中美贸易谈判，不可能很快就谈出一个双方满意的结果。因为中美贸易战的实质，美国原本就不是为平衡贸易逆差而战，而是专门针对"中国制造2025"，它是美国借平衡贸易逆差之名，实则为阻止中国科技产业的崛起，从而阻挡中国超越美国，进而在21世纪引领人类的第四次工业革命。中美贸易战，不仅使我们看到了中国与科技强国在科技最前沿领域存在的巨大差距与发展瓶颈，也使我们看清了中国发展科技产业的重要性和迫切性。国家主席习近平在上海首届进口博览会宣布在上海证券交易所成立科创板并试点注册制，并不是横空出世，而是大国科技战略和金融战略的必然选择，表明了中国大力发展科技产业的信心和决心，把发展科技产业上升到国家意志，以应对以美国为首的西方国家对中国科技产业的技术封锁和市场封锁，从而跟上甚至引领人类第四次工业革命浪潮，让21世纪成为中国的世纪，以实现复兴与强盛的"中国梦"。

第四，科创板是中国资本市场市场化改革的迫切需要。中国资本市场从20世纪90年代开始建设，到现在已有近30年的时间，构建起了主板、中小板、创业板和新三板，以及PE等多层次资本市场体系，初步实现了直接融资和间接融资体系的金融市场结构优化。但中国资本市场的建设明显滞后于实体经济的发展，没有高效地为实体经济服务，主要表现在：一是直接融资比例较低，直接融资与间接融资比例不相协调；二是资本市场的基本功能没有得到很好发挥，融资效率不高，产业资源整合的能力不强，资源配置的市场化并没有很好地实现；三是对科技产业的支持效率低下，一些真正具有影响力的科技创新企业大部分到海外资本市场上市。形成以上三大问题的根源在于制度安排的非市场化因素。中国资本市场建设和发展已有近30年的时间，但阻碍市场长期持续健康发展的两大基本问题，即市场化的准入问题和市场化的退出问题，一直没有得到根本性解决。"市场化"业已成为中国资本市场改革永恒的主题，因此"非市场化"也就成为中国资本市场持续健康发展的最大阻碍。存量改革是一个宏大的系统性工程，成败难料，于是尝试性地进行增量改革就成为改革的惯常路径。2012年9月在原来新三板的基础上，成立"股转公司"，进行市场化改革的尝试。新三板经过六年的发展，挂牌公司超万家，解决中小企业万亿融资，取得了较大的建设成就。但由于制度供给的全要素不匹配，以及差异化制度安排不及时，致使新三板错过了绝佳的市场建设和发展的机会。当然，资本市场在进行增量改革的同时，存量改革也没有停止。2015年3月，全国人大授予国务院就证券市场的注册制改革开始探索，时间期限为三年。因为这三年没有取得实质性进展，2018年3月全国人大又把授权期限延长两年，直到2020年3月。资本市场的市场化改革，是实现资源市场化配置的关键环节，但推动市场化改革又如此艰难，因此只能遵行强制性制度变迁的基本逻辑，即自上而下地推动改革，方能快速突破改革的层层阻碍，以达成改革的基本目标。为实现资源的市场化配置提供金融市场基础，也为科技创新产业提供金融市场支撑，科创板应运而生。

二、核心规则解读

从2019年1月30日证监会和上交所出台的科创板相关规则看，科创板的系列制度安排，不仅突破了中国资本市场现行的制度框架，可以解决中国资本市场近30年发展过程中难以治愈的顽疾，也吸收了全球先进国家和地区发达证券市场的有益经验，在此基础上还有相当大的创新和突破,必将真正成为中国科技创新和资本市场改革深化的强大引擎。

(一)在上交所设立科创板

从市场运行层面看,在上交所设立科创板有其内在的必然性。一是因为上交所作为证券场内市场,制度安排不会像新三板那样作为场外市场受到很多掣肘,可以堂而皇之地在市场建设和发展之前进行较好的制度安排和设计,大大降低改革的机会成本;二是因为上交所是中国资本市场发展最早,目前也是主板规模最大的证券市场,其市场基础好,品牌知名度高,管理经验丰富,在上交所设立和运行科创板,会大大降低市场的操作运行风险和管理风险;三是由于上交所是场内市场,有庞大的投资人基础,其强大的品牌效应也会吸引最优秀的科技创新企业到科创板上市,市场资源丰富,这也是确保科创板成功的基本前提。从国家战略层面看,上海作为中国经济改革开放的窗口和桥头堡,对内对外都有强大的示范效应。科技和金融是创新经济的两大轮子,科创板作为驱动这两大轮子高速运转的强大引擎,将支持上海成为国际金融中心和科技创新中心,从而强力带动中国新一轮改革开放。

(二)科创板试点注册制

国家主席习近平于2018年11月5日宣布的上交所设立科创板,并试点注册制,完善资本市场基础制度。证监会颁布《注册制的实施意见》的指导思想指出,"从设立上交所科创板入手,稳步试点注册制,统筹推进发行、上市、信息披露、交易、退市等基础制度改革,发挥资本市场对提升科技创新能力和实体经济竞争力的支持功能,更好服务高质量发展"。随着科创板的落地,注册制在中国证券市场建设和发展近30年时间的时候终于修成正果。它作为证券发行和上市的基础性制度安排在完全市场化的证券市场中是题中应有之义。但中国证券市场脱胎于计划经济，在较长时间内都落下了计划经济的烙印。不管是审批制还是核准制，都属于资本市场里中国特色的制度安排。当然这种制度安排，在资本市场发展的特定历史阶段，也有其存在的必然性，它符合中国经济惯常的"渐近式"改革逻辑，即"摸着石头过河"，主要是为了防止系统性金融风险。但此种制度安排，主要有三大弊端：一是证券价格与公司价值背离，市场供求结构失衡，致使证券市场的资源有效配置的基础功能得不到很好的发挥；二是由于上市资源有限，滋生大量寻租行为的产生，扰乱证券市场秩序；三是由于制度安排与国际证券市场不能接轨，致使中国许多优秀的科技创新企业赴海外资本市场上市，中国资本市场流失了大量优质上市资源。为了尽快改变这种弊端，2015年3月，全国人大授权国务院进行注册制改革，时间期限为三年，但由于注册制改革具有牵一发而动全身的作用，需要较长时间做好各种制度安排。很显然，这三年没有达到预期的效果。2018年3月，全国人大又授权国务院进行注册改革试点，期限为两年。此次在上交所推出科创板，并试点注册制，表明中国资本市场的市场化改革已经到了刻不容缓的地步了。箭在弦上，不得不发。

证券会在《注册制的实施意见》中明确指出，上交所负责科创板发行上市审核，证监会负责以信息披露为核心的注册制规则的制定，负责股票发行的注册，同时对上交所审核工作进行监督。把股票上市审核工作由证监会下移至交易所，把发行上市审核与市场监管分开，实现市场职能和政府监管的专业化分工，这是中国证券市场股票发行制度迈出的具有里程碑意义的步伐。就上交所审核的内容来看，与原有审批制和核准制下的审核有着本质的区别。上交所负责对上市公司信息披露文件进行形式审核，对其内容的真实性不承担责任。也就是说，上交所只要做到对披露文件的审核程序合法,形式合规,就做到了归位尽责,从而把对上市公司的价值判断和投资决策完全交还给市场和投资者。这就是注册制的核心内容。

(三)科创板清晰的产业定位

《注册制的实施意见》明确指出,"准确把握科创板定位。在上交所设立科创板,坚持面向世界科技前沿、面向经济主战场、面向国家重大需求,主要服务于符合国家战略、突破关键性核心技术、市场高度认可的科技创新企业。重点支持新一代信息技术、高端装备、新材料、新能源、节能环保以及生物医药等高新技术产业和战略性新兴产业,推动互联网、大数据、云计算、人工智能和制造业的深度融合,引领中高端消费,推动质量变革、效率变革、动力变革。"

科创板的产业定位,遵行了以下三大基本原则:一是引领第四次工业革命的前沿科技产业。时值第四次工业革命浪潮方兴未艾之际,中国能否引领第四次科技浪潮,关键看前沿科学技术领域是否拥有革命性的技术。每一次工业革命浪潮,主要是以信息、能源和交通等方面的技术革命为基本前提的。特别是信息技术,贯串和引领了每一次工业革命浪潮。以互联网、云计算、大数据和人工智能为基础的信息技术革命是第四次工业革命浪潮的主旋律,也是实现工业互联网(或工业4.0)的基础性产业,因此这是科创板首先要支持的产业。二是推动中国经济结构转型升级的产业。高端装备制造、新能源、新材料和节能环保等产业,是推动中国经济结构转型的基础性产业,理应纳入科创板的产业支持范畴。生物医药是涉及国计民生健康的基础性大产业,随着经济的发展,消费的不断升级,人民对健康的需求与日俱增,但目前生物医药原创性技术研发能力薄弱,需要快速提升以满足人民幸福生活的需要。因此,支持涉及国计民生的基础性大产业生物医药也是科创板产业定位的必然选择。三是拥有关键性核心技术，并被市场高度认可。拥有关键性核心技术是基本前提，这是"科创板"支持科技创新企业的核心要义。被市场高度认可，从两个维度来理解，一是从技术、产品被消费者高度认可，形成了市场销售，已经被产品消费市场高度认可了，二是从资本市场角度看，获得了投资者对技术、产品和市场的高度认可，可能已经接受 PE 机构的风险投资，被资本市场认可了。

（四）更具包容性的发行上市条件

科创板制定了更具包容性的发行和上市条件。上交所在《股票发行上市审核规则》和《股票上市规则》里提出了五套发行上市标准，从预计市值、收入、净利润、研发投入和现金流等多种因素综合性考虑，设置了多元极具包容性的上市条件。从上市标准来看，科创板注重企业的科技创新能力，允许符合科创板定位、尚未盈利或累计未弥补亏损的企业在科创板上市。五套发行上市标准，不仅突破了 A 股市场主要以财务标准为主的市场准入条件，也突破了最具市场化的美国纳斯达克的上市标准，并且在此基础上还有很大的创新。总体来看，科创板的发行上市标准，具有以下显著特色。

（1）以"市值"为核心导向的多元化上市标准。五套标准里市值是通行标准，或基础标准，且市值标准与其他标准，如净利润、营业收入、现金流、研发投入等财务标准和非财务标准，进行有机组合，并放弃了资产和股东权益等财务指标。这不仅突破了中国证券市场以往以利润这一财务指标为市场准入条件的发行上市框架，未盈利企业也可以上市，也大大突破了以美国纳斯达克为代表的发达证券市场的上市准入条件，是全球科技创新型资本市场的最大胆的制度创新。美国纳斯达克市场三层共 11 套标准。纳斯达克全球精选市场的上市标准有：利润、市值与现金流、市值与营业收入以及资产与股东权益四套标准；纳斯达克全球资本市场的上市标准有：利润、股东权益、总市值、总资产/总收入标准四套标准；纳斯达克交易市场的上市标准有：股东权益、总市值、净收入三套标准。从纳斯达克的上市标准可以看出，纳斯达克也并没有以市值作为通行标准，或基础标准。科创板以市值作为基础标准，与其他各财务标准进行有机组合，舍弃了以利润、总收入、股东权益、总资产等单纯的财务指标作为上市标准，未盈利企业也可以上市。简言之，科创板的上市标准，更加强调资本市场对科技创新企业的认可，更加市场化，在全球资本市场中尚属首创。

（2）市值标准达到全球最高水平。从纳斯达克三层的市值标准来看，全球精选市场有两套市值组合标准：一是要求企业上市前12个月平均大于5.5亿美元的市值，相当于38亿元人民币的市值；二是要求企业上市前12个月平均大于8.5亿美元的市值，相当于58亿元人民币。科创板第五条标准要求40亿元人民币的市值，基本与纳斯达克全球精选市场要求的市值相当。纳斯达克全球精选市场和资本市场单纯的市值标准分别是7500万美元和5000万美元，分别相当于5亿元和3.4亿元人民币的市值。科创板各标准的市值都要求在10亿元人民币以上，远远高于上纳斯达克全球交易市场和纳斯达克交易市场的市值标准。从市值标准的国际比较角度，我们可以看出，符合科创板上市条件的企业，完全满足纳斯达克全球交易市场和交易市场的市值上市标准，也会有部分企业满足纳斯达克全球精选市场的上市标准。只有科技创新企业的头部企业才有可能达到此上市条件。因此，我们可以说，科创板的市值标准与纳斯达克市场持平，达到全球最高标准。

（3）上市标准强调科研投入。五套标准中的第二套标准要求企业的上市标准为：市值15亿元，营业收入2亿元，且最近三年研发投入合计占最近三年营业收入的比例不低于15%。没有高强度的研发投入，企业就不可能有关键和核心技术的突破。科创板强调为科技创新能力突出，主要依靠科技能力开展生产经营的企业提供资本市场服务。科创板把研发投入作为上市标准，充分体现了科创板的产业定位和市场定位，这在全球资本市场中也是独树一帜的。

（4）特殊类型企业可以上市。科创板包容性的上市条件，除了上述一般性上市标准外，对特殊类型企业的上市也有相应的制度安排。一是有表决权差异安排的企业可以上市。科创板允许科技创新企业发行具有特别表决权的类别股份并上市。根据《股票上市规则》的相关规定，对表决权差异化安排的发行和上市条件是：应当稳定运行至少1个完整会计年度，且市值和财务指标符合下列标准之一：一是预计市值不低于100亿元人民币；或者，预计市值不低于50亿元人民币，且最近一年营业收入不低于人民币5亿元。从上市标准可以看出，对表决权有差异化安排的上市门槛有较高的要求。二是红筹企业可以上市。符合《国务院办公厅转发证监会关于开展创新企业境内发行股票或存托凭证试点若干意见的通知》规定的红筹企业，可以申请发行股票或存托凭证并在科创板上市。允许红筹企业上市，一方面，为"中概股"回归国内资本市场创造了市场条件；另一方面，也为将来国际优质科技创新企业到科创板上市积累经验，为科创板迈出国际化步伐奠定制度基础和市场基础。三是分拆企业可以上市。根据《注册制的实施意见》，达到一定规模的上市公司，可以依法分拆其业务独立、符合条件的子公司在科创板上市。

（五）实施严格的退市制度安排

证监会在《注册制的实施意见》里明确指出，"科创板股票不适用《证券法》第五十五条关于暂停上市的规定，应当退市的直接终止上市。"明确规定了退市的四种情形，即，严格执行交易类强制退市指标，优化财务类强制退市指标，严格实施重大违法强制退市制度，以及对连续出具否定或无法表示意见审计报告的上市公司实施终止上市。上交所根据《注册制的实施意见》，在《股票上市规则》对退市做出了较为详尽的制度安排。

第一，对重大违法类强制退市做出明确规定。重大违法强制退市的情形包括两大类：一是上市公司存在信息披露违法违规需要强制退市。信息披露违法违规包括首次公开发行、发行股份购买资产，以及披露年度报告时，存在虚假记载、误导性陈述或重大遗漏；二是上市公司存在涉及国家安全、公共安全、生态安全、生产安全和公众健康安全等领域内的违法违规行为，需要实施强制退市。

第二，规定市场交易类退市指标。《股票上市规则》12.3.1 规定，上市公司出现下列情形之一的，决定终止其股票上市：一是连续 120 个交易日实现的累计股票成交量低于 200 万股；二是连续 20 个交易日股票收盘价低于股票面值；三是连续 20 个交易日股票市值低于 3 亿元；四是连续 20 个交易日股东数量低于 400 人。

第三，规定了财务类强制退市情形。《股票上市规则》12.4.1 规定，上市公司出现下列情形之一，明显丧失持续经营能力，达到规定标准的，启动退市程序。一是主营业务大部分停滞或者规模极低；二是经营资产大幅减少导致无法维持日常经营；三是营业收入或者利润主要来源于不具备商业实质的关联交易；四是营业收入或利润主要来源于主营业务无关的贸易收入。另外还规定了研发型企业研发失败的强制退市情形，即"研发型上市公司主要业务、产品或者所依赖的基础技术研发失败或者被禁止使用，且公司无其他业务或产品符合《股票上市规则》第五项规定要求的。"

第四，规定了规范类强制退市的情形。《股票上市规则》12.5.1 对规范类强制退市情形做了详细规定：一是财务会计报告存在重大会计差错或者虚假记载；二是在信息披露方面或者规范运作方面存在重大缺陷。以上两种情形被证监会责令改正但公司未在规定期限内改正，此后公司在股票停牌2个月内仍为改正；三是未在法定期限内披露年度报告或者半年度报告，此后公司在股票停牌2个月内仍未披露；四是因公司股票总额或股权分布发生变化，导致连续20个交易日不再具备上市条件，此后公司在股票停牌1个月内仍未解决；五是最近一个会计年度的财务会计报告被会计师事务所出具无法表达意见或者否定意见的审计报告；六是公司可能被依法强制解散；七是法院依法受理公司重整、和解和破产清算申请。

市场化的资本市场，既包括市场化的准入制度（发行和上市），也包括市场化的退市制度。中国资本市场没有实现市场化，意味着准入制度和退市制度都没有真正实现市场化。科创板的退市制度安排是科创板优于A股其他各大市场板块的核心制度安排之一，它总结了中国资本市场近30年建设和发展中退市的经验和教训，并且合理和全面吸收了全球发达国家和地区证券市场的有益经验，特别是美国纳斯达克市场化的退市制度，创造性地将强制退市情形分成四大类型，即重大违法违规类、市场交易类、财务类和规范类等强制退市情形，并对每类强制退市情形做了详细的规定。科创板退市制度安排的落地，与更具包容性的发行和上市制度，作为资本市场腾飞的两翼，将完全改变中国资本市场低效的历史和现实，大大提升了资本市场的资源配置效率。

（六）投资者和投资者适当性管理制度

（1）投资者适当性管理制度。考虑到科创板上市公司所处发展阶段及其面临的高风险特征，证监会在《注册制的实施意见》中明确规定，"个人投资者投资科创板股票，证券账户和资金账户持有资产规模应当达到规定标准，且具备相关股票投资经验和相应的风险能力，具体标准由上交所制定,并可根据科创板的运行情况作适当调整。强化证券公司投资者适当性管理义务和责任追究。"上交所在《股票交易特别规定》中做了明确规定,"个人投资者参与科创板股票交易,应当符合下列条件:(一)申请权限开通前 20 个交易日证券账户及资金账户内的资产日均不低于人民币 50 万元(不包括该投资者通过融资融券融入的资金和证券);(二)参与证券交易 24 个月以上。"对科创板个人投资者设置的市场准入标准,远远低于新三板 500 万元的金融资产门槛。对于机构投资者的适当性管理规则,《股票交易特别规定》里明确了"机构投资者参与科创板股票交易,应当符合境内法律及本所业务规则的规定"。结合《股票发行与承销实施办法》里的相关规定,"科创板"的机构投资者既要符合中国证券业协会的自律监管要求,同时也要符合发行人和主承销商设置的相应条件,把行业的自律监管与市场要求结合起来。

(2)科创板是以机构投资者为主资本市场。根据《股票发行与承销实施办法》相关规定,科创板的发行对象以机构投资者为主,机构投资者的比例至少要占到 70% 以上,个人投资者的比例不能超过 30%。这可能吸收了新三板投资者结构的有益尝试。到目前为止,新三板的发行市场 70% 左右是由机构投资者参与投资的,个人投资者的比例也就占 30% 左右。在高风险的证券市场中,机构投资者相对个人投资而言,不管是在风险识别能力和风险承受能力方面要明显高于个人投资者。科创板的制度设计中安排的投资者结构与市场风险属性基本匹配。在机构投资者中,又鼓励资金长期持有者的机构入市,如公募基金、社保基金、养老基金、企业年金和保险资金优先参与配售,且配售比例不低于 40%。此种制度安排,有效避免了新三板机构投资者资金持有期限较短,风险抵抗能力较弱,以及不利于上市公司创新资本形成的较大制度缺陷。

(七)股票交易制度

根据《股票交易特别规定》第二章的相关规定，对参与科创板股票交易的投资者实行投资者适当性管理制度，个人投资者需满足证券账户和资金账户不低于50万元的标准，以及股票投资不低于2年的投资经验。机构投资者在满足中国证券业协会自律管理的基础上，由发行人和承销商自行决定机构投资者的条件。第九条，"投资者参与科创板股票交易，应当使用A股证券账户。"第十条，"投资者以下方式参与科创板股票交易：(一)竞价交易；(二)盘后固定价格交易；(三)大宗交易。"科创板目前采取以上三种交易机制，没有采用国际创业板通行的做市商机制。第十二条，科创板股票自上市首日起可作为融资融券标的。第十六条，"本所对科创板股票交易实行涨跌幅限制，涨跌幅比例为20%。首次公开发行上市、增发上市的股票，上市后的前5个交易日不设涨跌幅限制。"第十八条规定，"通过限价申报买卖科创板股票的，单笔申报数量应不当不小于200股，不超过10万股；通过市价申报买卖的，单笔申报数量应当不小于200股，且不超过5万股。卖出时，余额不足200股的部分，应当一次性申报卖出。"单笔申介于新三板1000股和现行A股市场板块100股之间。

科创板股票交易实行涨跌幅20%的限制，突破了A股其他市场各大板块10%的涨跌幅限制。前5个交易日不设涨跌幅限制，也完全突破了新三板目前的交易涨跌幅的限制。科创板之所以做出这样的制度安排，一方面充分考虑了科创板上市公司高风险的市场属性；另一方面也充分吸收了新三板最初完全不设涨跌幅限制，从而引起市场过度震荡的教训，是资本市场股票交易制度的又一创新。科创板融资融券的制度安排，也考虑到了科技创新型资本市场的高风险的市场基本属性，给市场开辟了充分释放风险的空间。但科创板目前不采用做市商交易机制可能是本次制度安排中最大的缺陷。

（八）股票发行与承销

（1）发行条件。根据《注册管理办法》第十条的规定，科创板的发行条件包括：一是依法设立且持续经营3年以上的股份有限公司，具备健全且运行良好的组织机构，相关机构和人员能依法发行职责；二是财务会计基础规范、财务报表的编制和披露符合企业会计准则和相关信息披露规则的规定，在所有重大方面公允地反映了发行人的财务状况、经营成果和现金流量，并由注册会计师出具无保留意见的审计报告；三是发行人业务完整，具有直接面向市场独立持续经营的能力。另外，结合根据《股票上市规则》2.1.1规定的上市条件，发行人股票发行还应符合下列条件：四是发行后总股本不低于人民币3000万元；五是首次公开发行的股份达到公司股份总数的25%以上，公司股本总额超过人民币4亿元的。首次公开发行股份的比例为10%以上；六是市值及财务指标满足五套标准中的其中一套标准。发行前持续经营时间与A股市场各大板块一样，即持续经营三年时间；发行后股本总额不低于3000万元，与创业板的标准一致；首发比例与主板与中小板的标准相当。

（2）发行对象。根据《股票发行与承销办法》第四条的规定，"首次公开发行股票应当向证券公司、基金管理公司、信托公司、财务公司、保险公司、合格境外投资者和私募基金管理人等专业机构投资者以询价的方式确定股票发行价格。"根据《股票发行与承销实施办法》第十一条的规定，在科创板首次公开发行股票，网下发行比例应当遵守以下规定：（一）公开发行后总股本不超过4亿股的，网下初始发行比例不低于本次公开发行股票数量的70%；（二）公开发行后总股本超过4亿股或者发行人尚未盈利的，网下初始发行比例不低于本次公开发行股票数量的80%；（三）应当安排不低于本次网下发行股票数量的40%优先向公募基金、社保基金和养老基金配售，安排一定比例的股票向根据《企业年金基金管理办法》设立的企业年金和符合《保险资金运用管理办法》等相关规定的保险资金配售；（四）公募基金、社保基金、养老基金、企业年金基金和保险资金有效申购不足安排数量的，发行人和主承销商可以向其他符合条件的网下投资者配售剩余部分。

从以上规定可以看出，科创板是以机构投资者为主的资本市场，机构投资者比例至少占到70%，与现行A股市场的现行投资者结构有着本质的区别。如果科创板在2019年开板，2019年将会是中国资本市场的价值投资元年。

（3）发行与承销方式。发行方式保留了A股市场的网上和网下配售模式，但网上网下的回拨机制安排，表明科创板鼓励机构投资者持有上市公司股票。根据《股票发行与承销办法》第十二条规定，网上投资者有效申购倍数超过50倍且不超过100倍的，回拨比例为本次公开发行数量的5%（A股其他市场板块为20%）。有效申购超过100倍的，回拨比例为10%（A股其他市场板块为40%）。回拨后无限售期的网下发行数量不超过本次公开发行股票数量的80%。除网上网下配售模式之外，还有四种配售方式，即战略配售、保荐机构配售、超额配售（绿鞋机制）和高管参与配售等。根据《股票发行与承销实施办法》第十五条、第十六条的规定，首次公开发行股票可以战略投资者配售。首次公开发行数量在1亿股以上的，战略投资者配售股票的总量可以超过本次公开发行股票数量的30%，数量不足1亿股的，战略投资获得配售的股票总量不超过本次公开发行股票数量的20%。除此之外，战略投资者须获取配售资格、资金为自有资金、持股期限不少于12个月。根据《股票发行与承销实施办法》第十七条规定，发行人的保荐机构可以参与本次公开发行的战略配售。第十八条规定，发行人的高级管理人员与核心员工可以专项资产管理计划参与本次发行战略的配售。第二十条规定，发行人和主承销商可以在发行方案中采用超额配售选择权，即"绿鞋机制"。采用超额配售选择发行股票数量不得超过首次公开发行股票数量的15%。

压缩"回拨机制"比例，意在鼓励机构投资者持股；让保荐机构参与配售，旨在通过保荐机构与所保荐上市公司的利益完全绑定，以确保上市公司的质量；超额配售选择（绿鞋机制）制度安排旨在通过市场化的发行承销方法以实现市场资源的最优配置；战略配售和核心高管和员工配售，意在鼓励上市公司通过资本市场实现产业资源的有效整合与持续经营的稳定性。

（4）定价方式。科创板股票发行价格完全采取市场化定价方式。根据《发行与承销实施办法》第四条的规定，"首次公开发行股票应当向证券公司、基金管理公司、信托公司、财务公司、保险公司、合格境外投资者和私募基金管理人等专业机构投资者以询价的方式确定股票发行价格。"

完全市场化的定价方式表明：一方面，科创板完全尊重市场规律，让股票价格与公司价值相符，价格真实反映公司价值；另一方面，也符合科创板作为资本市场市场化改革试验田的基本要求，即通过科创板的市场化改革以此完善资本市场基础制度。

（九）公司治理结构

（1）特定股东减持。股权结构是公司治理结构的核心内容之一，特定股东的股权减持事关股权结构的稳定性。根据《股票上市规则》2.4.2的规定，上市公司首发前股份，自股票上市之日起12个月不得转让。根据2.4.3的规定，董事、监事和高级管理人员自公司股票上市之日起一年内和离职半年内，不得转让其所持本公司股份。根据2.4.4的规定，控股股东、实际控制人和核心技术人员应当承诺，自发行人股票上市之日起36个月内，不转让或者委托他们管理其直接或间接持有的发行人的首发前股份，也不得提议由发行人回购该部分股份。根据2.4.5的规定，上市公司控股股东及其一致行动人、实际控制人在限售承诺期满后减持首发股份的，应当保证公司有明确的控股股东和实际控制人。

以上对控股股东、实际控制人和核心技术人员的36个月不得减持股份的规定，确保了上市公司股权结构的相对稳定以及持续经营能力的相对稳定。

（2）股权激励。股权激励是上市企业"公司治理结构"安排的核心内容，对于正处于高成长和高风险阶段的科技创新企业更应该有较为合理的股权激励制度安排。根据《股票上市规则》第十章股权激励10.1的规定，上市公司可以采用限制性股票、股票期权或者本所认可的其他方式。说明科创板上市公司可以采用多样化的激励工具或手段。根据10.4的规定，激励对象可以包括上市公司的董事、高级管理人员、核心技术人员或者核心业务人员，以及公司认为可以应当激励的对公司经营业绩和未来发展有直接影响的其他员工，独立董事和监事除外。根据10.8的规定，上市公司在有效期内的全部股权激励计划所涉及的标的股票总数累计不得公司超过股本总额的20%。这一制度安排，突破了A股市场原有10%的规模上限，体现了科技创新上市公司和成熟传统公司不一样的激励机制安排，符合科创板上市公司的基本市场属性。

（3）表决权差异安排。本次科创板公司治理结构创新的最大亮点在于表决权差异化安排，体现了科技创新上市公司和传统上市公司股东结构和股权结构对公司权力配置的巨大差异化机制安排。这一差异化机制安排表明了，在股权结构较为分散化的条件下，如何确保上市公司控制权结构的稳定性，进而确保科技创新公司的经营持续性，它符合创业型科技公司对控制权结构的本质要求，与国际惯例接轨。

根据《股票上市规则》4.5.3 的规定，表决权差异化安排应当稳定运行至少 1 个完整会计年度，且市值及财务指标符合下列标准之一：（一）预计市值不低于 100 亿元；（二）预计市值不低于人民币 50 亿元，且最近一年营业收入不低于人民币 5 亿元。根据 4.5.4 的规定，"拥有特别表决权股份的股东应当为对上市公司发展或业务增长等做出重大贡献，并且在公司上市前或上市后持续担任公司董事的人员或者该等人员实际控制的持股主体。特别表决权股东在上市公司中拥有的权益的股份会计应当达到公司全部已发行有表决权股份的 10% 以上。"对拥有特别表决权的股东资格做了量化和非量化的要求。根据 4.5.5 和 4.5.6 的规定，对表决权差异进行限制。"每份特别表决权股份的表决权数量应当相同，且不得超过每份普通股份的表决数量的 10 倍。"除表决权差异外，其他权利普通股股东与特别表决权股东的权利应该完全相同。4.5.7、4.5.9、4.5.10 和 4.5.11 分别对特别表决权不得增发、不得上市交易、永久转换和特定情形转换等方面做了相应规定。

（十）信息披露及监管

信息披露是注册制的核心，有效的信息披露是顺利实施注册制的关键和核心环节。在强有效型资本市场中，真实、准确、全面和及时的信息披露是投资人做出价值判断和投资决策的基本前提。因此，确保信息披露真实、准确、完整、及时、公平是注册制条件下证券监管的核心宗旨。

（1）明确了信息披露的组织、实施和监管体系。根据中国证监会颁布的《试点注册制实施意见》《注册管理办法》《持续监管办法》等相关规定,明确证监会负责制定信息披露规则以及对信息披露的监管。上交所负责对上市公司信息披露文件进行形式审核,对其内容的真实性不承担责任。上交所的审核是形式审核,即"程序合法,形式合规",而不是实质性审核,把对上市公司的价值判断和投资决策完全交还给市场,这和核准制下的审核内容有着本质的不同;保荐机构等证券服务机构归位尽责,组织发行人进行信息披露;发行人是信息披露主体和第一责任人。发行人及其控股股东、实际控制人,以及董事、监事和高级管理人对信息披露的真实性、准确性、全面性、完整性和及时性负责。

(2)加强了事前信息披露违法违规的防范措施。根据《注册管理办法(试行)》第三十六条就发行人及其董事、监事、高级管理人员,发行人控股股东、实际控制人,第三十七条就保荐人及其保荐代表人等以上人员,应当在招股说明书签字盖章,保证或确认招股说明书的内容真实、准确、完整,不存在虚假记载、误导性陈述或者重大遗漏,并声明承担相应的法律责任。第三十八条规定,为证券发行出具专项文件的律师、注册会计师、资产评估人员、资信评估人员及其所在机构,确认对发行人信息披露文件引用其出具的专业意见无异议,信息披露文件不因引用其出具的专业意见而出现虚假记载、误导性陈述或者重大遗漏,并声明承担相应法律责任。

(3)明确了发行人或相关责任人违法违规信息披露的行政处罚措施。《注册管理办法(试行)》第六十七条规定,如果发行人以欺骗手段骗取发行注册的,证监会将自确认之日起采取5年内不接受发行人公开发行证券相关文件的监管措施。第六十八条规定,证监会可以责令上市公司及其控股股东、实际控制人在一定时间内回购本次公开发行的股票。第六十九条规定,发行人存在《注册管理办法(试行)》第三十条的第(三)项,注册申请文件存在虚假记载、误导性陈述或者重大遗漏；第（四）项的规定，发行人阻碍或者拒绝中国证监会、交易所依法对发行人实施检查、核查；第（五）项的规定，发行人及其关联方以不正当手段严重干扰发行上市审核或者发行注册工作。或者发行人及其董事、监事、高级管理人员、控股股东、实际控制人的签名、盖章系伪造或者变造的，中国证监会将自确认之日起采取 3 年至 5 年内不接受发行人公开发行证券相关文件的监管措施。第七十条规定，发行人的控股股东、实际控制人信息披露违规，中国证监会可以视情节轻重，对相关单位和责任人员采取自确认之日起 1 年到 5 年内不接受相关单位及其控制的下属单位公开发行证券相关文件。对责任人员采取认定为不适当人选等监管措施。发行人的董事、监事和高级管理人员致使发行人所报送的注册申请文件和披露的信息存在虚假记载、误导性陈述或者重大遗漏的，中国证监会可以对责任人员采取认定为不适当人选等监管措施。第七十一条规定，保荐人信息揭露违规，中国证监会将视情节轻重，采取自确认之日起暂停保荐人业务资格 1 年到 3 年，责令保荐人更换相关负责人的监管措施；情节严重的，撤销保荐人业务资格，对相关责任人员采取证券市场禁入的措施。保荐代表人未勤勉尽责，致使发行人信息披露资料存在虚假记载、误导性陈述或者重大遗漏的，按规定撤销保荐代表人资格。证券服务机构未勤勉尽责，致使发行人信息披露资料中与其职责有关的内容及其所出具的文件存在虚假记载、误导性陈述或者重大遗漏的，中国证监会将视情节轻重，自确认之日起采取 3 个月至 3 年不接受相关单位及其责任人员出具的发行证券专项文件的监管措施；情节严重的，对证券服务机构相关责任人员采取证券市场禁入的措施。第七十二条规定，保荐人存在以下情形的，中国证监会可以视情节轻重，采取自确认之日起暂停保荐人业务资格 3 个月至 3 年的监管措施；情节特别严重的，撤销其业务资格：（一）伪造或者变造签字、盖章；

（二）重大事项未及时报告或者未及时披露；（三）以不正当手段干扰注册审核工作；（四）不履行其他法定职责。保荐代表人存在前款规定情形的，视情节轻重，按规定暂停保荐代表人资格3个月至3年；情节特别严重的，按规定撤销保荐代表人资格。证券服务机构及其相关人员存在第一款规定情形的，中国证监会可以视情节轻重，采取3个月至3年不接受相关单位及其责任人员出具的发行证券专项文件的监管措施。

信息披露行政处罚措施的量化有利于行政处罚措施真正落地。如此制度安排，一方面，可以对发行人信息披露的违法违规起到事前的威慑和预防作用；另一方面，对以保荐代表人为代表的证券服务机构的归位尽职和提高专业服务水平与能力起到强化和促进作用，同时对协助发行人信息披露违法违规起到较大的震慑作用，同时加大了处罚力度。

（4）实施信息披露违法违规强制退市规则。上交所《股票上市规则》12.2.2里规定了信息披露重大违法违规的强制退市情形，包括：一是在首次公开发行股票和上市公司发行股份购买资产并构成重组上市，在申请或披露文件中存在虚假记载、误导性陈述或重大遗漏，被中国证监会依据《证券法》第一百八十九条作出行政处罚决定，或者被人民法院依据《刑法》第一百六十条作出有罪生效判决。二是上市公司在年度报告披露中存在违法违规，根据中国证监会认定的行政处罚事实，导致相关财务指标已触及强调退市标准。在《股票上市规则》12.5.1中明确了因信息披露规范问题实施强制退市的情形：（一）因财务会计报告存在重大会计差错或者虚假记载，被中国证监会责令改正但公司未在规定期限内改正，此后公司在股票停牌2个月内仍未改正；（二）未在法定期限内披露年度报告或者半年度报告，此后公司在股票停牌2个月内仍未披露；（三）公司在信息披露或者规范运作方面存在重大缺陷，被本所责令改正但未在规定期限内改正，此后公司在股票停牌2个月内仍未改正。

对信息披露违法违规进行强制退市处理，真正体现了中国资本市场监管理念、监管思路和监管措施的重大转变。注册制不仅仅是证券市场的发行上市制度安排，更是一种监管理念，证券市场监管一切围绕以信息披露为核心的监管，即"披露为王"应该是证券监管的核心原则和宗旨。对信息披露重大违法违规的强制退市处理规定的三种情形，贯串了发行上市信息披露事前、事前和事后的全过程，真正体现了证监会在《注册制的实施意见》中所强调的，"切实树立以信息披露为中心的监管理念，全面建立严格的信息披露体系并严格执行。"

三、可能的问题及建议

2019年1月30日，证监会和上交所关于科创板发行上市的系列规则出台。规则在总结中国资本市场建设和发展近30年经验和教训的基础上，不仅大大突破了现行A股的制度框架，也充分吸收了先进国家和地区发达资本市场的有益经验，其总体方向、原则和制度安排和设计完全符合习总书记关于设立科创板并试点注册制，完善资本市场基础制度的指导思想。但由于制度构思与设计的时间短、任务重，在制度设计安排中可能存在一些值得商榷的地方。

（一）关于注册制的问题

根据《股票上市规则》5.3.2的规定，"本所对信息披露文件实施形式审核，对其内容的真实性不承担责任。"本条规则应该是注册制的核心要义，但此表述可能容易让市场产生误解，或者在理解上容易产生分歧，或者在注册制的实施环节中，对各个环节"归位尽责"的理解上还没有形成一致的共识。

我们所理解的上交所对信息披露内容的真实性不承担责任，应该是不承担相应的法律责任。法律责任由信息披露的第一责任人发行人和发行人的控股股东、实际控制人、董事、监事、高级管理人员，以及保荐人和证券服务机构来承担。但交易所是否应该承担因审核不力或者审核人员的寻租行为等原因而导致发行人欺诈发行的行政责任呢？要不然，证监会对上交所审核工作进行监督的意义何在呢？我们认为，注册制的核心就是"信息披露为王"，即对发行人信息披露进行形式审核，把对发行人的价值判断和投资决策完全交还给市场。在这个过程中，各个环节的"归位尽责"就成为确保信息真实、准确、及时、完整和全面的关键。证监会负责制定信息披露的规则，上交所负责对信息披露的审核，保荐人及其证券服务机构组织发行人进行披露，发行人是信息披露主体和第一责任人。各个环节的主体都应该承担本环节的相应责任，只是责任的大小和性质不同而已。

基于以上理解，我们建议，《股票上市规则》5.3.2 的规定是否可以调整为，"本所对信息披露文件实施形式审核，对其内容的真实性不承担法律责任。"或者你们认为更加妥当的表述，以免让市场产生误解或者对其核心要义的理解产生分歧。

（二）关于发行上市标准的问题

根据《股票上市规则》2.1.2 提出的五套上市标准，有以下三个问题值得探讨。

一是关于市值标准高低的问题。市值标准在科创板的发行上市标准中是"通行标准"或"基础标准"，最低市值要求为 10 亿元人民币。标准的高低，我们先看看美国纳斯达克市场关于市值的标准。美国纳斯达克全球精选市场、全球市场和资本市场三层的十一套标准中，有四套是市值标准，包括全球精选市场中的两套市值组合标准，以及全球市场和资本市场中各一套单独市值标准。全球精选市场中第一套市值标准是"市值与现金流"的组合标准,要求的市值是"上市前12个月平均大于5.5亿美元",相当于37亿元人民币。第二套市值标准是"市值与营业收入"组合标准,要求的市值是"上市前12个月平均大于8.5亿美元",相当于58亿元人民币。全球市场和资本市场是单独的市值标准,分别为7500万美元和5000万美元,相当于5亿元和3.4亿元人民币。科创板的市值标准,相当于美国纳斯达克全球精选市场和全球市场的标准,远远高于纳斯达克交易市场的标准。基于以上比较,我们认为,科创板最低10亿元的市值标准可能要求高了些。基于资本市场改革要达到的目标,我们定位及对标全球最高标准是对的,但由于科创板处于起步阶段,市场制度安排以及其他市场基础设施都还在建设过程中,我们是否有足够的品牌影响力、市场号召力吸引如此高标准的优质科技创新企业到科创板上市是值得探讨的。另外,从市场策略考虑,基础门槛太高在开始也不利于吸收大量优质科技创新企业进入科创板。

为此,我们建议,是否可以安排一个至两个市值通行标准降低到5亿元人民币,让那些真正具有关键核心技术和创新能力,但目前还处于较早阶段的科技创新企业进入科创板。在五套标准中,即使一两个通行市值标准降低到5亿元人民币,科创板也和美国纳斯达克市场是等量齐观的。

二是关于现金流标准高低的问题。根据《股票上市规则》2.1.2的规定,五套标准中的第三套标准是"市值+营业收入+现金流"的组合标准,即"20亿元市值+最近一年营业收入3亿元+最近三年经营活动产生的现金流净额累计不低于人民币1亿元"。此标准与香港证券交易所主板的第二套"市值/营业收入/现金流测试"标准基本相当,不过降低了营收标准。我们认为,此套标准中可能对现金流标准要求高了些。香港证券交易所主板对成熟企业做出此要求是合理的,但科创板针对的是科技创新企业,如此高的现金流标准要求与科技创新企业的发展阶段及其财务特征不尽吻合。科技创新企业在发展初期投入大,经营现金流净额呈负是常态。另外,我们比照美国纳斯达克,在十一套标准中,适用现金流标准的只有在全球精选市场中的"市值+现金流"标准中的一套标准。其市值标准要求的是"上市前12个月平均大于5.5亿美元",现金流标准要求的是"前三个财务年度总计大于等于2750万美元,且前三个财务年度均为现金净流入"。这应该是全球科技创新资本市场的最高上市标准。科创板如此高的现金流标准对于起步阶段是否合适值得探讨。

因此,对"市值+营业收入+现金流"中的现金流标准,我们建议适度降低,比如"前三个会计年度的经营现金流净额累计不低于6000万元人民币",或者"前两个会计年度的经营现金流净额累计不低于5000万人民币,且前两个财务年度均为现金净流入。"

三是关于第五套标准,即"预计市值不低于人民币40亿元,主要业务或产品需经国家有关部门批准,市场空间大,目前已取得阶段性成果,并获得知名投资机构一定金额的投资"。以上表述有三个地方需要探讨:一是"主要业务或产品需经国家有关部门批准",此表述容易让人产生误解。此表述可能的本意是,"涉及国家产业政策、生态环保政策、重大公共安全政策等的业务或产品需经国家有关部门批准。"因此,建议对此表述得清晰一些。二是"目前已取得阶段性成果"是个定性标准,没有量化,不好判断什么才叫"取得阶段性成果"。后面对医药企业的表述不仅是定性标准,也是量化标准。因此,我们建议参照对医药企业的表述把什么是"阶段性成果"界定清楚一些。三是"获得知名投资机构一定金额的投资",此标准可能会有问题。何为"知名机构",其标准是什么?把科创板认为的"知名机构"列个名单公示出来,以此比照是不是获得"知名投资机构"的投资?还是对投资机构管理多大基金规模进行定量,以此界定为"知名"或"不知名"?另外,此标准容易导致发行人与"知名投资机构"共谋造假以损害其他投资人的合法权益。

(三)关于首发上市股份比例的问题

根据科创板《股票上市规则》2.1.1 的规定,发行人申请在科创板上市,条件之一是,"首次公开发行的股份达到公司股份总数的 25% 以上,公司股本总额超过人民币 4 亿元的,首次公开发行股份的比例为 10% 以上。"此标准完全照搬了现行 A 股市场的标准,对科创板不一定合适,理由如下:首先,此标准可能不符合科技创新企业的资金需求特征。处于此发展阶段的企业规模较小,资金需求规模与企业所处发展阶段相适应。股本总额不超过 4 亿元的,首发融资至少要稀释 25% 的股份,就按预计 10 亿元市值来看,至少融资 2.5 亿元人民币,"科创板"大多数上市公司可能的融资规模在 3 亿元以上。3 亿元人民币的资金,对创业企业来说,要多长时间才能花完呢?这样做的结果,有可能会造成上市公司融资本在较长时间内得不到有效利用,即造成大量资金闲置。这也很有可能导致两种行为产生,一是公司上市前对所融资金的投资不一定符合公司发展战略的投资计划安排,二是上市后得想尽办法把所融资金赶紧花出去,而不管这种投资是不是有效的。更有甚者,完全有可能乱投资、乱花钱。这两种行为都会使上市公司行为扭曲,从而使资本市场的资源配置功能得不到充分发挥。其次,科技创新企业处于高速成长中,融资需求是一个渐近的过程。首发融资稀释股份比例过高,后续不断的再融资将可能会对公司控制权结构产生不良影响,实际控制人容易丧失控制权,这会影响到企业的持续经营。再次,此问题最好参照一下新三板的做法。新三板对挂牌企业的融资股份稀释比例没有限制,采取的是"小额、快速、多轮"的融资制度安排,主要是考虑到中小微企业所处发展阶段,以及此阶段企业的融资需求特点而进行的弹性制度安排。科创板的上市公司本质上依然是中小微企业,融资需求特点与新三板没有什么本质区别。最后,考虑到科创板是证券场内市场,要满足股份公众化的基本法律要求,不能像新三板那样完全没有要求,因此需要有一定的比例限制。

基于以上理由,我们认为,科创板上市公司的首发比例应该与A股现行的制度安排要有较大不同,建议适当往下调整。比如,股本总额4个亿以内的首发比例为15%,4亿元以上的股本总额为其首发比例为10%,甚至更低一些。

(四)关于做市商交易机制的问题

根据《股票交易特别规定》第十条的规定,科创板上市股票采用三种交易方式,即竞价交易、盘后固定价格交易和大宗交易。科创板在目前的制度设计中没有采用做市商交易机制。虽然证监会在《注册制的实施意见》中也明确了"在竞价交易基础上,条件成熟时引入做市商机制"。但我们认为,在科创板的交易机制安排中,一开始不引入做市商交易机制可能是科创板整个制度设计和安排中最大的缺陷。科创板上市公司和A股现行市场板块有着很大不同,其所处发展阶段偏早,规模相对偏小,风险较大,不仅要求投资者有较高的风险识别能力和风险承受能力,更重要的是要求投资者有较高的价值发现能力。做市商交易机制的价值发现功能,对于发掘科技创新企业的真实价值、实现科技型上市公司的合理定价有着天然的优势。美国纳斯达克市场之所以相对于其他创业板市场更为成功,和其混合竞争性的交易机制安排有着直接关系,其"混合竞争性"的做市商制度值得科创板学习、借鉴并引用。虽然目前科创板的网下发行以机构投资者为主,在一定程度上也承担了做市商机制的功能,但目前机构投资者是不是能够完全按照期望的那样发挥市场功能是一个较大的未知数,因为现行机制安排中的机构投资者大多数并非完全市场化的机构投资者。科创板的做市商机制要认真研究新三板做市商交易运行的经验和教训,以及机制设计安排中的不足,避免重蹈新三板的覆辙。

核心交易制度是市场成功的基础条件。因此,我们建议,科创板一开始就应该引入美国纳斯达克市场的混合竞争性的做市商交易机制,以确保科创板的成功。

(五)关于投资适当性管理制度的问题

根据《股票交易特别规定》第三条,"科创板股票交易投资者适当性管理制度"。第四条具体规定,要求个人投资者证券账户和资金账户里的资产不低于人民币50万元,且需要有2年的证券交易经验。考虑到科创板上市公司的高风险特征,在市场开板之初设置一定的门槛,从控制系统性风险的角度来看,有其一定的合理性。但如何设置门槛却是一个不太好量化的问题。我们认为,有必要对目前设计的投资者适当性管理制度进行微调,理由如下:一是A股市场已经运行近30年的时间,投资者有足够的风险识别能力和丰富的投资经验,具有高风险偏好的投资者可以自主进入科创板进行股票交易,不用设置任何门槛,给任何市场参与者平等的市场机会。二是目前科创板的制度设计中,发行市场以机构投资者为主,就需要有一个发达的交易市场与之相匹配,以适应市场对流动性的较高要求。对个人投资者设置门槛有可能造成没有足够数量的投资者,从而从根本上影响市场的流动性。对此,科创板要很好地总结和吸收新三板的教训。三是不管是科创板或是新三板的投资者适当性管理制度安排,其本质和出发点都是"非市场化"思维模式的反映,即希望通过设置较高的准入门槛以规避宏观市场的系统性风险和微观市场主体的非系统风险。新三板的市场运行结果表明，也正是因为这样的制度安排才导致了系统性风险和非系统性风险的产生。科创板和新三板作为中国资本市场市场化改革的试验田，都应该对此有所突破才对。

为此，我们建议，作为一种渐近式的制度安排，满足两个条件中的任何一个即可，不必要全部满足，等到市场运行两三年后不用设置任何门槛。或者，采取完全市场化的做法，开始就不用设置任何门槛，全部放开，让市场和投资者根据自己的风险偏好、风险识别能力和承受能力来决定是否进行科创板股票的投资。投资者适当性管理制度，其本质是并没有把投资的决策权完全交还给市场。

（六）关于交易涨跌幅限制的问题

根据《股票交易特别规定》第十六条的规定，科创板股票交易实行价格的涨跌幅限制，涨跌幅比例为20%。首次公开发行上市、增发上市的股票，上市前的前5个交易日不设价格的涨跌幅限制。这一制度安排大大地突破了A股市场现行涨跌幅为10%的制度框架，但与新三板目前涨幅限制在200%，跌幅限制在50%相比，有较大距离。

我们认为，科创板作为真正市场化制度安排的证券市场，涨跌幅20%的比例限制很难充分释放上市公司的市场风险，从而股价也就不会真实反映公司价值，进而会影响到资本市场资源的配置效率。

基于此，我们建议，作为一种渐近式的制度安排措施，建议科创板的涨幅限制在100%，跌幅限制在50%，或者，涨跌幅都限制在50%。这样也许才有可能较为充分地释放市场风险、反映上市公司价值。

（七）关于股权激励比例的问题

根据《股票上市规则》第十章股权激励10.8的规定，"上市公司在有效期内的全部股权激励涉及的标的股票总数累计不得超过公司股本总额的20%"。此项制度安排虽然大大地突破了A股现行10%的比例限制，在一定程度上反映了科创型公司股权激励制度安排的基本特征，但与发达国家和地区证券市场的经验来看，这一比例限制可能需要做出一定的调整。

研究表明，美国科技创业型公司股权激励的平均比例大约在15%，但一些新兴行业，比如生物医药、互联网公司、人工智能等行业的企业，其股权激励比例远远高于平均数值，有的高达30%，甚至超过40%。究其深层次的原因在于：（1）科创型公司是人力资本密集型企业，只有通过股权或期权等激励手段才能吸引和留住行业内的最优秀人才。仅仅依靠高工资很难达到此效果；（2）股权激励方式在很大程度上可以减轻科创企业经营现金流的压力，即降低支付给核心技术人员和高层管理团队成员的高工资压力；（3）通过对核心管理团队和技术人才的股权或期权激励，大大降低其"委托代理"成本。

基于此，我们建议股权激励的比例放宽至30%，甚至不设限，这样才可能真正符合科创企业的激励机制安排。

（八）关于试行券商"跟投"制度的问题

根据《注册制的实施意见》明确指出，"试行保荐人相关子公司'跟投'制度"。在《发行与承销实施办法》里，也把证券公司作为股票首次公开发行的询价对象。对于这一制度安排，市场可能的理解是，通过证券公司直投所保荐的上市公司，从而实现两者的利益绑定，以确保证券公司所保荐上市公司的质量。我们认为，对这一制度安排，首先需要探讨的问题是，作为证券保荐和承销角色的证券公司，其主要职责在于充分挖掘发行人的公司价值，以便帮助发行人把股票销售出去，从而实现发行人的融资目标。作为保荐和承销角色的券商，其利益与发行人是一致的，不存在委托代理问题。如果实行券商"跟投"制度，存在的可能问题：一是当券商的"跟投"利益大于保荐和承销利益的时候，上市公司的股票定价可能不会充分反映其公司价值，券商有动机做出损害所保荐上市公司的利益，从而产生较大的委托代理问题；二是发行人和保荐人由于利益完全绑定，因此双方完全有动机共谋，或者联合进行信息披露的造假行为，进行欺诈发行，以损害其他投资人合法权益，有失资本市场的"三公"原则。当然，任何制度的设计都会有两面性，有积极性的一面，可能也会有消极性的一面。

为此，我们的建议是，有必要在试行此制度之前出台《关于券商跟投的实施细则》，对券商跟投比例、跟投价格、退出时间和违规处罚等系列问题进行详细规定，以确保这一制度安排的积极效果大于负面影响。

（九）关于投资者权益保护的问题

根据证监会《注册制的实施意见》的规定，"对以欺骗手段骗取发行注册等违法行为，依照《证券法》第一百八十九条等规定依法从重处罚"。如何"从重处罚"，标准是什么？标准如果没有量化，就很难去执行。由于科创板实行多维度的发行上市标准，多数标准没有利润指标的要求，财务造假的难度和成本相对要低，因此会有更多的上市公司有欺诈发行上市的动机。如果没有强有力的制度保障措施对此进行预防、监督和惩罚，市场将会变得"欺诈横行"。如果投资者的利益得不到根本性的保护，市场也就失去了存在的基础，这是科创板目前面临的最大挑战，即在进行市场化的发行、上市和交易的同时，如何加强制度化、法制化的监管。从目前已有的制度安排来看，有以下几方面的措施：一是让发行人和控股股东、实际控制人回购已发行的股份；二是对发行人、控股股东和实际控制人，董事、监事等高级管理人员，以及保荐人和保荐代表人等证券服务机构，进行相应的行政处罚措施；三是进行强制退市,这应该是力度最大的行政处罚措施。但仅有行政处罚措施,远远满足不了市场发展的迫切需要。结合发达国家和地区证券市场对投资者保护的经验和相关制度安排来看,目前急需进行以下几方面的制度安排:(1)证监会、上交所要尽快推动《证券法》等法律法规的修改,从法律层面上根本性地解决投资者权益保障问题;(2)根据《注册制的实施意见》的相关规定,①要探索建立发行人和投资者之间的纠纷化解和赔偿救济机制,②要推动完善相关法律制度和司法解释,建立健全证券支持诉讼示范判例机制,③要根据试点情况,探索完善与注册制相适应的证券民事诉讼法律制度。

基于以上规定,我们建议:一是建议上交所在相关规则里明确对违法违规行为收取"惩罚性违约金"的具体标准;二是根据《注册制的实施意见》里提及的相关法律法规的修改和完善,证监会和上交所应协调全国人大、国务院等相关部门,就推动投资者权益保护的相关法律法规的修改,拿出明确的推进时间表,给市场以稳定的预期,以避免科创板像新三板那样因制度供给不及时而造成的市场信心丧失的局面,以此真正推动中国资本市场的市场化改革,让科创板成为中国科技创新和资本市场市场化改革的强大引擎。

(十)关于《股票上市规则》的框架结构问题

我们认为,对《股票上市规则》的框架结构进行一些必要的调整,从逻辑结构上讲可能更加严谨一些。首先,第五章至第九章的内容都是"信息披露",应该把这几章的内容合并在一起,在"信息披露"这一大章之下再分节阐述,内容可能更显紧凑一些;其次,第十章"股权激励"的内容原本属于治理结构的有机组成部分,没有必要单独作为一章,建议把这部分内容放到第四章里面作为单独一节阐述即可,第四章第四节"社会责任"的内容,基于在强制退市类型里,事关国家安全、公共安全和生态环保安全等重大违法违规行为实施强制退市，建议单独列为一章阐述，以凸显其重要性。另外，"社会责任"就其内容本质来看，也不应该属于"内部治理"的范畴。第四章"内部治理"建议改为"治理结构"或"公司治理结构"可能会更好一些。

基于以上建议，经调整后的《股票上市规则》大致框架结构如下：第一章总则；第二章股票上市与交易；第三章持续督导；第四章公司治理结构；第五章信息披露；第六章重大资产重组；第七章社会责任；第八章退市；第九章红筹企业和境内外事项的协调；第十章日常监督和违反本规则的处理；第十一章释义；第十二章附则。

（本文发表于中国金融信息网 2019 年 2 月 18 日）

科创板的市场化生态有益于新三板发展

2019 年 1 月底，证监会和上交所关于科创板相关规则的征求意见稿出台。按照现行的制度安排，从长期看，科创板引致的市场化生态有利于新三板持续健康发展。短期来讲，对新三板造成市场波动的风险不大，并且两个市场还可以做到资源共享。最大的风险可能来自，新三板不及时抓住科创板改革的有利时机进行大胆的制度创新且跟不上科创板市场的快速发展，致使新三板作为科技资本市场的基础市场的基本功能得不到有效发挥。

一、科创板与新三板的差异化市场定位

科创板的市场定位是中国甚至是全球科技资本市场的高级市场，与新三板的市场定位重叠度较低。科创板的五套标准中，市值是通行标准，已达到全球科技资本市场的最高标准。美国纳斯达克市场的三层市

场准入标准中，其资本市场和全球资本市场的单独市值标准分别为5000万美元和7500万美元，相当于3.5亿元和5亿元人民币。而科创板的10亿元市值标准，远远超过纳斯达克交易市场和全球资本市场的市值标准。全球精选市场中的市值组合标准中，其中"市值＋现金流"标准中的市值要求是"上市前12个月平均大于5.5亿美元"，相当于38亿元人民币。科创板第五套标准中的市值标准要求是40亿元，也达到甚至超过了纳斯达克的全球精选的市场准入标准。另外，从科创板允许红筹企业、分拆企业和同股不同权的企业可以上市等包容性发行上市条件看，科创板的定位是中国科技资本市场的高级市场和国际市场。从新三板的市场定位和六年的市场实践看，新三板始终坚持服务于创新创业型和成长型中小微企业的市场定位，是资本市场服务中小微企业和民营企业的主阵地。截至2018年12月末，新三板中小微企业占比94%，民营企业占比93%，高新技术企业占比64%，战略新兴产业企业占比25%，具有新经济特征的企业占比44%。新三板极具包容性的市场准入门槛决定了新三板是中国科技资本市场的基础市场或长尾市场，与科创板是高级市场或头部市场形成差异化的市场定位，共同为科技创新企业提供互补性的资本市场服务。

二、科创板的市场化生态有益于新三板发展

资本市场是一个生态系统。在这个生态中，如果有较好的制度安排，各市场主体就会归位尽职，并按照自身利益化最大化的原则去行为，结果就会让整个市场资源配置效率达到"帕累托"最优状态。由于历史的原因，中国资本市场遵行强制性制度变迁的基本逻辑，进行自上而下的改革和发展，"非市场化"生态成为中国资本市场最显著的制度和市场特征，业已成为影响中国资本市场持续健康发展最大的阻碍。

因此,打造"市场化"生态也就成为中国资本市场深化改革的终极目标。2012年9月成立的"股转公司",进行了资本市场市场化改革的有益尝试,六年发展取得了巨大的市场建设成就,但因市场定位为证券场外市场等多种原因,并没有像市场预期那样强有力推进中国资本市场的市场化改革。科创板作为证券场内市场,不管是发行上市和强制退市等市场准入和退出等方面,基本上按照市场化原则进行改革,并以此为突破口进而完善整个资本市场的基础制度。科创板注册制所形成的市场化生态,一方面会快速改变政府"非市场化"的监管理念与行为,做到市场化制度与法律化监管的并行前进,以实现市场资源的最优配置。另一方面会让各市场主体快速适应市场化规则以提高微观效率。新三板应该是科创板注册制改革的最大受益者。作为中国资本市场体系中第一个真正意义上的"市场化"资本市场,如果完全处在"非市场化"的生态环境中,各市场主体不仅没有市场化的意识行为,更没有市场化的行为,其市场化的改革举措难以快速推进。新三板六年的市场化改革和实践业已证明了这一点。因此,科创板试点注册制而引致的市场化生态系统,有利于新三板改革的快速推进和市场的长期持续健康发展。

三、新三板将驶入科创板改革的快车道

新三板经过六年的市场建设,目前已经到了提质增效发展的新阶段。但因各种原因,第二阶段的改革措施并没有取得实质性进展,市场翘着以盼的精细化分层,以及分层基础上的差异化制度安排,比如公开发行制度、连续竞价交易、低投资者门槛等核心改革举措,并没有如期而至。深层次的原因可能:一是因为新三板定位为证券场外市场,市场各方对新三板支持创新创业型中小微企业的重要性和迫切性并没有达成高度共识,致使改革推进缓慢;二是因市场化改革中涉及的各部门利益

和市场各方利益很难在短期内达成均衡，导致核心改革举措千呼万唤出不来。科创板及其注册制改革，既是大力发展中国科技产业的现实需要，也是中国资本市场深化改革的历史必然。新三板作为中国多层次资本市场体系中的破坏式创新者，打开了市场化改革的大门，但因市场定位为证券场外市场等多种原因，并没有成为推动中国资本市场深化改革的强大引擎。科创板作为证券场内市场，以及遵行了中国经济改革强制性制度变迁的惯常逻辑，无疑将会肩负起资本市场深化改革的历史重任。作为中国资本市场深化改革的火车头，将快速扫清制度变革和市场创新道路上的所有障碍。新三板因为具备市场化改革较好的制度基础和市场基础，一方面可以快速跟进科创板制度创新的步伐及时推进改革；另一方面可以快速实现与科创板平台的对接，共同助推中国科技产业的发展。因此，从这个意义上讲，新三板驶入科创板改革的快车道，有利于新三板突破目前的市场窘境，快速实现提质增效的改革目标。

四、科创板可以成为新三板市场对接的平台

科创板作为中国科技资本市场的高级市场，与新三板形成差异化市场定位，对新三板短期不可能造成太大的市场波动风险。相反，基于新三板和科创板同为市场化制度安排，以及共同为科技创新企业服务的目标和宗旨，两者可以实现市场资源的对接与共享。一方面，在新三板自身还没有很好的能力解决其市场流动性的情况下，可以在新三板与科创板之间构建起"转板"机制，让新三板的优质企业通过"升板"转到科创板，以让挂牌公司实现更大规模的融资以及快速提高市场流动性。另一方面，科创板刚开始建设与发展，完全可以充分利用新三板现成的优质挂牌公司作为标的企业，快速实现市场规模的扩大。另外，科创板上市公司各种类型的强制退市企业可以通过"降板"到新三板，为退市企业提供各种资本市场服务。当然，就升板而言，新三板目前还不具备较为完备的制度基础，比如，挂牌公司转板上市需要以"证券公开发行"这一法律前提。也许市场期待已久的精选层改革举措能将这一重要的制度安排考虑进去，以为两个市场资源的顺利对接奠定制度基础。

五、新三板的风险及对策

科创板是中国科技资本市场的高级市场、头部市场和国际市场，与新三板形成差异化市场定位，使两个市场的重叠度较小，因而优质新三板挂牌公司不会一哄而上地进入科创板，短期内对新三板造成较大市场波动风险的可能性不大。但如果新三板不乘上科创板改革的东风，驶入科创板发展的快车道，不及时推出第二阶段应该推出的核心改革举措，从根本上改善市场流动性。从短期看，会让市场彻底丧失市场信心；从长期看，会让优质挂牌公司大范围摘牌，从而丧失优质的市场资源，使市场的基本功能得不到有效发挥。这可能是新三板面临的最大风险。简言之，新三板目前面临的风险，是不及时抓住有利时机进行制度创新和推出核心改革举措的风险，也就是不改革不发展的风险。

化解风险的有效举措当然是新三板借科创板改革东风，进行大胆的制度创新，推出提质增效阶段本应推出的核心改革举措。要想让新三板真正发挥基础市场的作用，以为高级市场培育源源不断的优质上市资源，政府需要从国家战略高度出发，调整其证券场外市场的定位。借鉴美国纳斯达克的发展经验，在分层的基础上把新三板发展成为一个既有场外市场也有场内市场的混合型证券市场。首先，从国家战略层面打造国家科技创新中心的角度看，创业板作为支持深圳科技创新中心早已落地开花近10年的时间。科创板作为启动新一轮改革开放的强大引擎，将支持上海成为国际金融中心和科技创新中心。而把新三板定位为证券场外市场，与北京中关村作为全国科技创新能力最强的国家科技创新示范中心的地位不相匹配。其次，我们放眼全球发达国家和地区的科技资本市场，有几个依附于主板的创新板或创业板市场是真正成功的呢？唯有美国纳斯达克市场作为独立科技资本市场运行最为成功，其成功并不是偶然的，而是有着必然性。新三板作为独立科技资本市场，经过六年的发展，具备了较好的制度基础和市场基础，又地处全国科技创新能力最强的国家科技创新示范区中关村高新科技园区，具备了成为独立科技资本市场的所有基础条件，可以说已经烧到了九十九度，目前就差一度就沸腾了。最后，国家从公平、效率与风险控制的角度看，如果国家公平地给予三个市场同等的政策和制度机会，无疑会大大提高中国资本市场整体服务科技产业和科技创新企业的市场效率，以实现金融资源的最优配置，同时也就控制了某一单独市场垄断政策资源和市场资源而导致的低效甚至无效的系统性金融风险。

（本文发表于《上海证券报》2019年2月26日）

准确把握科创板首批三家过会企业的关键核心技术

2019年6月5日，微芯生物、安集科技和天准科技三家科创企业成功通过科创板上市委员的审核。我们通过对科创板首批三家过会企业的产业方向、主营业务、关键核心技术、主要产品、研发投入、自主知识产权、技术的产业化程度，以及承担国家和地方重大科技专题研究能力等多个维度的梳理，分析科创板对上市企业关键核心技术的基本要求。一方面有助于科创企业准确把握科创板上市标准中的"关键核心技术"的真正含义以便顺利过会；另一方面也为科创企业如何夯实好关键核心技术基础以便早日迈进科创板提供参照。

一、产业方向

目前科创板首批过会的微芯生物、安集科技和天准科技三家企业，其产业方向面向世界科技前沿，面向国家重大需求，面向国家经济主战场，突破关键核心技术，因此完全符合科创板的产业定位。

微芯生物是一家专门针对恶性肿瘤、糖尿病和免疫性疾病等的原创药物开发企业。国家产业政策将治疗恶性肿瘤药物作为重点发展行业，微芯生物是国家产业政策大力鼓励和支持的产业。《国家中长期科学技术发展规划纲要（2006－2020年）》明确指出靶标的发现对发展创新药物、生物诊断和生物治疗技术具有重要意义。《医药工业发展规划指南》指出重点发展化学新药，紧跟国际医药技术发展趋势，开展重大疾病新药的研发，重点发展针对恶性肿瘤的创新药物，特别是采用新靶点、新作用机制的新药。《战略性新兴产业重点产品和服务指导目录》将治疗恶性肿瘤，免疫原性低、稳定性好、靶向性强、长效、生物利用度高的基因工程蛋白质药物列入战略性新兴产业重点产品和服务指导目录。《中国制造2025》也明确指出，"发展针对重大疾病的化学药、中药、生物技术药物新产品，重点包括新机制和新靶点化学物、抗体药物、抗体偶联药物、全新结构蛋白及多肽药物、新型疫苗、临床优势突出的创新中药及个性化治疗药物。"此次科创板把微芯生物作为首批过会企业，体现了科创板的产业定位，即产业要完全符合国家重大战略需求，企业需要突破关键核心技术。

安集科技主营业务为关键半导体材料的研发和产业化，属于新一代信息技术的集成电路产业领域。集成电路和半导体是信息通信技术（ICT）的基础性产业。本次中美贸易战使我们清晰地看到了我国在集成电路和半导体产业领域与美国等先进国家的巨大差距。新一代信息技术是第四次工业革命的先导性产业和基础性产业,同时也是第四次工业革命产业的技术制高点,谁掌握了关键材料、核心工艺和技术,谁就主导了第四次工业革命。《中国制造2025》明确指出,"核心基础零部件(元器件)、先进基础工艺、关键基础材料和产业技术基础等工业基础能力薄弱,是制约我国制造业创新发展的质量提升的症结所在。"安集科技的产品化学机构抛光液和光刻胶去除剂属于半导体的关键基础材料,过硬的技术和产品实现了在半导体关键材料领域的进口替代,当然是科创板首先应该鼓励和支持的产业。

天准科技的主营业务方向是人工智能领域的机器视角装备,为工业企业打造智能工厂提供服务。天准科技跨信息技术产业和高端装备制造两大领域,是典型的"工业4.0""工业互联网",或"中国制造2025"的解决方案服务商。机器视觉装备是物联网(IoT)的关键设备,更重要的是信息物理系统(CPS)的关键联结点,起着联结工厂和信息系统的作用,是打造智能工厂不可或缺的关键一环。为应对信息科技产业(ICT)的最新发展以及世界工业强国美国、德国和日本等的挑战,中国政府于2015年推出《中国制造2025》,其纲领将制造业定位为"立国之本、兴国之器、强国之基",并提出三步走的发展战略,到2049年,"新中国成立一百周年之时,制造业大国地位更加巩固,综合实力进入世界制造强国前列。制造业主要领域具有创新引领能力和明显竞争优势,建成全球领先的技术和产业体系。"天准科技的产业方向,是云计算、大数据、人工智能等信息科技产业与制造业深度融合的关键领域,天准科技就是要沿着《中国制造2025》指引的产业方向来打造中国的制造业,实现中国制造业的"智能化"。

二、主营业务、核心产品和主要客户

微芯生物是一家旨在为患者提供可承受的、临床亟须的原创新分子实体药物,具备完整的从药物作用靶点发现与确证、先导分子的发现与评价到新药临床开发、产业化、学术推广和销售能力的国家级高新科技企业。公司的核心产品均为自主研究发现与开发的新分子实体且作用机制新颖的原创新药。包括已正式上市销售的国家一类原创新药西达本胺(商品名为"爱谱沙®/Epidaza®"),是全球首个亚型选择性组蛋白去乙酰化酶(HDAC)抑制剂;已完成Ⅲ期临床试验的国家一类原创新药西格列他钠,是全球最早完成Ⅲ期临床试验的 PPAR 全激动剂;已开展多个适应症Ⅱ期临床试验的国家一类原创新药西奥罗尼,是一个机制新颖的多靶点多通路选择性激酶抑制剂。此外,公司尚有一系列独家发现的新分子实体的候选药物 CS12192、CS17919、CS24123、CS17938、CS27186 等,正在进行临床前与早期探索性研究。2018 年,公司前五位主要客户为国药控股股份有限公司、华润医药商业集团有限公司、上海医药集团股份有限公司、广东京卫医药有限公司、沪亚生物国际有限责任公司等。前五位客户实现的收入占营业收入的比重为 79.76%。

安集科技的主营业务为关键半导体材料的研发和产业化。公司目前的核心产品包括不同系列的化学机械抛光液和光刻胶去除剂产品,主要应用于集成电路制造和先进封装领域。化学机械抛光液是集成电路制造过程中实现晶圆平坦化的关键工艺。根据抛光对象不同,化学机械抛光液包括产品以及其他系列产品。铜及铜阻挡层系列化学机械抛光液产品是公司目前最主要的收入来源,用于抛光铜及铜阻挡层以分离铜和相邻的绝缘材料,主要应用于制造先进的逻辑芯片和先进的存储芯片;目前公司铜及铜阻挡层系列化学机械抛光液技术节点涵盖 130 – 28nm 芯片制程，可以满足国内芯片制造商的需求，并已在海外市场实现突破。公司其他系列化学机械抛光液包括钨抛光液、硅抛光液、氧化物抛光液等产品，已供应国内外多家芯片制造商。根据光刻胶下游应用领域不同，公司光刻胶去除剂包括集成电路制造用、晶圆级封装用、LED/OLED用。公司的前五名客户中芯国际、台积电、长江存储、华润微电子、华虹宏力均为全球或国内领先的集成电路制造厂商。到2018年末，前五位客户的营业收入占总营业收入的84.03%。

天准科技致力于以领先的人工智能技术推动工业企业转型。公司以机器视觉为核心技术，专注服务于工业领域客户，通过领先的产品帮助工业企业实现数字化、智能化发展。公司主要产品为工业视觉装备，包括精密测量仪器、智能检测装备、智能制造系统、无人物流车等，产品功能涵盖尺寸与缺陷检测、自动化生产装备、智能仓储物流等多个环节。公司主要客户有苹果公司、三星、富士康、欣旺达、德赛集团、博世集团、法雷奥集团、协鑫集团和菜鸟物流等国际知名企业。截至2018年末，前五大客户的营业收入占总营业收入的比重为70.28%。

三、关键核心技术

微芯生物根据生命科学和新药研发领域的新进展和新技术，构建了基于化学基因组学的集成式药物发现与早期评价平台，是国际上最早将化学基因组学技术体系应用于创新药物早期研发阶段中的企业。该平台整合了分子医学、计算机辅助药物设计、药物化学及组合化学、高通量高内涵药物筛选、基因表达谱芯片（微阵列基因芯片）、生物信息学和化学信息学分析及软件支持等内容，可有效地降低新药的后期开发风险。公司通过上述核心技术平台成功发现和开发了包括西达本胺、西格列他钠与西奥罗尼等一系列新分子实体，产品链覆盖从已上市销售到早期探索性研究的不同阶段、不同疾病领域。西达本胺已于 2015 年成功上市销售，是公司独家发现的新分子实体药物，机制新颖，是国际上首个亚型选择性组蛋白去乙酰化酶（HDAC）抑制剂，中国首个以 Ⅱ 期临床试验结果获批上市的药物，也是目前中国唯一治疗外周 T 细胞淋巴瘤的药物。西达本胺乳腺癌适应症也已完成临床 Ⅲ 期试验并于 2018 年 11 月申请新适应症上市。西格列他钠是公司自主研发的新分子实体药物，独家发现，机制新颖，其不但可以控制血糖，还可以治疗患者通常因糖尿病而伴发的脂代紊乱和血压异常。目前西格列他钠已完成 Ⅲ 期临床试验，预计将于 2019 年申报上市并有望成为一个新型且更为综合的 2 型糖尿病治疗药物。西奥罗尼是自主研发的新分子实体药物，独家发现，机制新颖的三通路靶向激酶抑制剂，目前正在开展针对卵巢癌、小细胞肺癌、肝癌和非霍奇金淋巴瘤的 Ⅱ 期临床试验。

安集科技拥有系列自主知识产权的核心技术，技术水平国际先进或国内领先，其核心技术涵盖了整个产品配方和工艺流程，包括金属表面氧化技术、金属表面腐蚀抑制技术、抛光速率调节技术、化学机械抛光晶圆表面形貌控制技术、光阻清洗中金融防腐蚀技术、化学机械抛光后表面清洗技术、光刻胶残留物去除技术等。公司化学机械抛光液已在 130－28nm 技术节点实现规模化销售，并应用于台积电、中芯国际等全球领先集成电路制造企业晶圆产线。公司化学机械抛光液应用的主要核心技术金属表面氧化（催化）技术、金属表面腐蚀抑制技术、抛光速率调节技术、化学机械抛光晶圆表面形貌控制技术为"国际先进"。公司为目前极少量产集成电路领域高端光刻胶去除剂的企业之一，光阻清洗中金融防腐蚀技术已在国内领先的集成电路企业被验证与国外竞争对手的表现相当甚至具有一定的优势，技术水平为"国际先进"。

天准科技的关键核心技术是人工智能领域的机器视觉。公司核心技术包括机器视觉算法、工业数据平台、先进视觉传感器及精密控制技术四大领域。算法及软件是机器视觉最重要的领域。公司掌握到 2D 视觉算法、基于深度学习的缺陷检测、3D 视觉算法、3D 点云处理、多传感器融合标定等核心算法，并自主开发了公司视觉软件平台 ViSpec。公司经过十多年的持续研发和深度挖掘，在机器视觉核心技术的关键领域获得多项技术突破，具备了开发机器视觉底层算法、平台软件，以及设计先进视觉传感器和精密驱动控制器等核心组件的能力。2013 年由公司牵头的"复合式高精度坐标测量仪器开发和应用"项目入选"国家重大科技设备仪器开发专项项目"，该项目取得重大突破，检测精度达到 0.3 微米。这是我国在精密检测领域的重大自主创新，标志着中国在高精度坐标检测领域达到国际先进水平。

四、自主知识产权

拥有自主知识产权不仅是科创企业研发投入的结果，而且也是企业核心竞争能力的基本表现，会大大提升科创企业的核心竞争优势。

微芯生物截止到招股说明书签署之日，公司累计申请国内外发明专利百余项，已获得 59 项国内外发明专利授权，其中境外发明专利授权 42 项；软件著作权 3 项。公司已获准上市的抗肿瘤药物西达本胺的化合物中国发明专利于 2017 年获得国家知识产权局和世界知识产权组织联合颁发的"中国专利金奖"。西达本胺同时也是中国首个授权美国等发达国家使用境外发明专利以实现全球同步开发和商业化，并获得技术授权许可收入的原创新药，开创了中国创新药对欧美进行专利授权的先河。

安集科技截至 2018 年 12 月 30 日，公司及其子公司共获得 190 项发明专利，其中中国大陆 140 项，中国台湾 42 项，美国 4 项，新加坡 3

项，韩国 1 项。公司拥有经国家工商行政管理局商标局核准的注册商标权 20 项，以及拥有在欧盟、日本、韩国、新加坡、美国和中国台湾等地注册的境外商标权 8 项。

天准科技公司拥有自主的知识产权，已经累计申请 117 项专利，已授权 65 项，其中 34 项发明专利、22 项实用新型专利和 9 项外观设计专利；软件著作权 68 项；起草制定了 5 项国家和行业标准及规范。

五、研发投入

高强度、大规模的研发投入是科创企业掌握关键核心技术和实现可持续发展的前提条件，一般用研发人员占员工总人数的比例，以及当年研发经费占当年营业收入的比重来衡量一家企业研发投入的强度。

微芯生物截至 2018 年末，公司拥有研发人员 104 人，占员工总数的 28.03%，包括三位国家级领军人才和两位海外高级人才。安集科技截至 2018 年末，技术研发人员 67 人，占员工人数的 36.02%；天准科技研发人员占员工总数的比例，2016 年、2017 年和 2018 年三年分别为 46.29%、33.99% 和 36.25%，在报告期内基本保持在 30% 以上。

微芯生物在报告期内研发投入与营业收入占比最高，三年平均为 59.46%，2016 年、2017 年和 2018 年分别为 60.52%、62.01%、55.85%。安集科技在报告期内其研发经费与营业收入三年平均占比 21.74%，2016 年、2017 年和 2018 年分别占比为 21.81%、21.77% 以及 21.64%。天准科技 2016 年、2017 年和 2018 年分别研发经费占当年营业收入的比重分别为 26.22%、18.66% 和 15.66%，三年平均占比为 20.18%。

科创板首批过会的三家企业，是典型的技术驱动型企业，其研发投入与当年营业收入占比不仅大大高于一般技术型企业 3% 的基本要求，也高于科创板第三套上市标准前三年研发投入占营业收入15%的比重，特别是微芯生物，研发投入占比在三年报告期达到60%左右，真正突出了科创板支持"科技创新"的深刻内涵。

六、技术的产业化程度

技术的产业化维度可以看出企业的技术及产品是否被市场高度认可，可以用报告期内已经实现的销售收入及净利润指标来审视。

微芯生物的技术初步实现产业化，有一定的产业化风险。报告期内，公司主营业务收入快速增长，2016年度、2017年度及2018年度，公司主营业务收入分别为8535.09万元、11050.34万元及14768.90万元，年均复合增长率为31.54%。公司在报告期内分别实现净利润539.92万元、2590.54万元及3127.62万元。由于公司研发投入占营业收入的比例较高，三年平均近60%，因此公司经营活动现金流虽然为正，但表现不稳定，且有大幅度下降趋势，报告期内分别为6313.11万元、510.07万元及2384.20万元。

安集科技的技术基本实现了产业化，技术的产业化风险相对较低。2016年度、2017年度及2018年度，公司主营业务收入分别为19663.92万元、23242.71万元及24784.87万元。公司在报告期内，其净利润分别为3709.85万元、3973.91万元及4496.24万元。公司在报告期内，经营活动现金流良好，分别为4506.71万元、2706.76万元及5976.30万元。

天准科技的技术基本实现了产业化，技术的产业化风险相对较低。2016年、2017年和2018年，营业收入分别为18084.96万元、31920.12万元、50827.99万元。报告期内，净利润分别为3148.98万元、5158.07万元和9447.33万元。报告期内，经营活动现金流良好，经营活动现金流净额分别为 1557.20 万元、5155.12 万元及 9829.21 万元。

七、承担国家重大课题及所获重大奖项

科创板首批三家过会企业都有较强能力承担国家和地方多项重大科技专题研究的能力，并获得了国家、地方和行业的多项重大奖项。

微芯生物累计获得 8 项国家"重大新药创制"重大科技专项、7 项国家高科技研究发展（"863"）计划、1 项国家科技型中小企业技术创新基金、1 项中国科学院战略性先导科技专项、1 项"国家重点研发计划"重点专项、5 项广东省科技计划和 17 项深圳市科技计划资金资助。公司通过"基于化学基因组学的集成式药物发现及早期评价平台"核心技术参与了科研项目《中药安全性关键技术研究与应用》，于 2013 年获得国务院颁发的"国家科学技术进步奖一等奖"。公司基于"基于化学基因组学的集成式药物发现及早期评价平台"核心技术开发的产品西达本胺于 2017 年获得中国医学科学院、中国中医科学院、中国药促会和人民币联合颁发的"最具临床价值化学药"。西达本胺化合物中国发明专利于 2017 年获得国家知识产权局和世界知识产权组织联合颁布的"中国专利金奖"。

安集科技公司有能力承接国家重大专项科研课题。公司作为项目责任单位完成了"90－65nm 集成电路关键抛光材料研发与产业化"，以及"45－28nm 集成电路关键抛光材料研发与产业化"两个国家科技重大专项"02 专项"。目前作为课题单位负责"高密度封装 TSV 抛光液和清洗液研发和产业化"和"CMP 抛光液及配套材料技术平台和产品系列"两个国家科技重大专项"02 专项"。2016 年和 2017 年，公司连续两年获评"中国半导体材料十强企业"。公司还先后获得"上海市科学技术奖二等奖"、"中国半导体创新产品和技术"、"02专项优秀团队奖"、"02专项优秀组织集体"和"集成电路产业技术创新战略联盟技术创新奖"等多项殊荣。

天准科技于2013年牵头的"复合式高精度坐标测量仪器的开发和应用"入选科技部"国家重大科学仪器设备开发专项"。项目由公司牵头,联合中国计量科学研究院、天津大学、北京工业大学、中国航空工业集团公司北京航空材料研究院、中国科学院光电研究院和成都工具研究所有限公司六家单位共同参与项目研发。项目的目标是研发我国首台达到国际先进水平的复合式坐标测量仪,最高精度达到0.3微米。天准科技通过机器视觉技术实现了复合式高精度坐标测量仪器的开发和应用,检测精度达到0.3微米,与国际上最先进的复合式高精度坐标测量仪器相当,达到国际先进水平。天准科技在高精度坐标测量领域的技术突破是公司机器视觉核心技术先进性的体现。公司凭借领先的技术创新能力,成为5项国家行业标准规范起草单位,为行业制定了技术标准,并为四个标准委员会会员单位。公司与中国计量科学研究院合作编著了《影像测量仪技术基础》是国内首部正式出版的关于"影像测量仪"技术专著,为行业技术水平的发展提供指引。公司于2018年12月22日,获批苏州国家高新技术产业开发区博士后科研工作站分站。

(本文发表于中国金融信息网2019年6月9日)

中国科创资本市场:探索与实践

2019年10月25日,证监会启动新三板全面深化改革,推出了市场翘首以盼的,包括设立精选层、允许公开发行、设立"转板"制度、实施分类监管以及完善市场退出制度五项核心改革举措,使新三板具备了交易所市场的核心功能,从而奠定了新三板能够与科创板和创业板既联通又合作的制度基础,标志着中国科创资本市场迈入互联、合作的效率时代。新三板、科创板与创业板作为中国科创资本市场体系的有机组成部分,如何充分发挥自身优势以及如何补足其短板,从而培育其核心能力;而从国家战略层面,如何对这三个市场进行顶层制度设计,有效促进三个市场的互联与合作,从而提升中国科创资本的整体市场效率,以助推中国科技产业的全面崛起?

一、新三板发展蓄势待发

(一)本次深化改革使新三板具备了交易所市场的核心功能

本次新三板的全面深化改革,是继 2013 年市场化基本制度框架确立后,完善市场化制度建设中最为全面、深入和彻底的改革。

第一,本次改革以市场分层为出发点,在优化创新层、基础层规范和培育的基础上,设立精选层,承接在新三板创新层实施公开发行的挂牌公司,形成基础层、创新层和精选层的市场结构。通过在不同层级实施投资者适当性管理,引入公募基金,配套形成交易、信息披露、监督管理等差异化的制度安排,一方面能有效提高投资者的价值发现能力和风险控制能力;另一方面有利于股转公司实施分类监管,提供精准服务,提高监管和服务效率,进而增强新三板的整体市场效率。再者,设立精选层也为建立转板制度扫清了法律障碍,奠定了制度基础与市场基础。

第二,优化发行融资制度,在创新层实施向不特定合格投资者公开发行制度。"公开发行"这一制度安排,不仅从现实上满足了优质挂牌公司的大额融资需求,更为重要的意义在于,这一制度安排完全改变了以往把新三板作为中国证券场外市场的市场定位，使新三板拥有了证券场内市场的核心功能，从而使新三板成为兼具场内市场和场外市场的混合型证券市场交易，奠定了新三板与科创板和创业板联通与合作的制度基础。

第三，建立"转板"上市制度。本次改革不仅立足于新三板市场本身存在的现实问题，而且从提高资本市场体系的整体市场效率出发，推出直接"转板"上市制度。挂牌公司在精选层经过一定时间的培育和发展，且符合《证券法》和交易所相关上市规定，可以直接转入交易所市场。设立转板上市制度，主要作用有三：一是满足了新三板优质企业进入更高级市场融资的需求，提供转板便利，降低上市成本。由于转板增加了市场流动性，因此还可以起到吸引增量市场资源的作用。二是可以为创业板和科创板储备和提供源源不断的优质上市资源。三是打开了资本市场各层次之间的通道，使各市场优质资源共享，提高了资本市场的整体市场效率，优化了市场资源配置。

第四，加强监管，提高违法违规成本。在充分发挥新三板自律监管职能的基础上，结合市场分层实施分类监管。利用大数据、人工智能等科技手段，提高监管效能。归位尽责，强化中介机构责任，提高挂牌公司信息披露与公司治理质量。自律监管、行政监管与法治监管相结合，加大联合惩戒力度，提高违法违规成本。

第五，完善市场退出机制的安排。自2016年10月的新三板摘牌制度公开征求意见稿以后，正式的摘牌制度一直没有推向市场。本次改革举措，健全市场退出制度，明确主动摘牌的程序与要求，健全强制摘牌制度，推动市场出清，有效清除市场"噪声"，以提高投资者的价值发现能力和风险控制能力，促进形成良性的市场生态。

(二)新三板的核心优势

随着本次新三板全面改革措施的稳步推进与落实,新三板具备了与创业板和科创板联通与合作的制度基础。与科创板与创业板相比较,新三板的优势在于:一是自身拥有较为坚实的市场基础,即上万家挂牌公司;二是构建了挂牌、发行、交易和监管等各环节的制度和机制安排,而本次改革又使新三板具备了证券场内市场的核心功能;三是七年的市场营运,积累了丰富的为创新型中小企业服务的市场管理经验。

更为重要的是,与科创板与创业板相比,新三板作为独立的科创资本市场,不依附于任何市场板块,专心做一件事情,其内部资源配置高效。放眼全球任何一个科创资本市场,包括英国的AIM、德国的创新板、中国香港的创业板、韩国的KOSDAQ,以及日本的JASDAQ等,为什么唯有美国纳斯达克交易市场作为成功的科创资本市场独树一帜?其中一个重要的原因就在于纳斯达克交易市场是独立市场,不依附于主板市场,内部管理资源配置的高效夯实了管理基础,确保了竞争所需要具备的核心优势。

(三)不足与努力的方向

与科创板与创业板相比,新三板目前的短板也是明显的。首先,本次深化改革只是一个大的制度框架和方向,具体细则的配套出台需要较长的时间。如果出台的配套细则与市场发展不匹配,则需要不断的改革和完善相应的制度与机制。因此,政策的有效落地不可能一蹴而就,需要一个漫长的试错过程。而科创板则可以借助主板市场强大的品牌优势与资源优势,迅速做大规模,从而对新三板产生较大的市场压力。其次,新三板的品牌效应在短期内与科创板和创业板相比,还有相当大的差距。创业板已有10年的运行时间,品牌优势已经完全树立起来。科创板虽然刚刚建立，但借助主板的品牌优势以及天时、地利与人和，业已成为中国科创资本市场的代表。新三板由于以往是证券场外市场的定位，再加上近两年融资效率较低，流动性严重不足，品牌声誉受到严重损害。品牌声誉只能依靠市场质量的不断提高来恢复，而这也是一个漫长的过程。最后，在短期内难以修复市场信心。新三板受中国资本市场大环境的影响，目前处在周期的谷底，何时走出谷底，具有较大的不确定性。更为重要的是，由于最初的市场发展和市场表现给了市场主体较好的改革预期，但市场预期的核心改革举措并没有如期而至，导致市场信心跌至谷底。2018年、2019年两年的市场表现与前三四年相比可以说是天壤之别。恢复市场信心，需要市场质量的不断提升以及良好的市场表现，而这需要漫长的过程。

为充分发挥新三板的自身优势以补足其短板，构建新三板的核心竞争优势，今后努力的方向从以下两个方面进行。

首先，有效落实本次的市场化改革举措。落实核心改革举措是一个系统工程，从研究配套政策，到配套政策措施出台，最后实施以及完善相关措施，不可能一蹴而就，需要较长的时间。目前的紧迫任务是，根据证监会推出的核心改革政策，股转公司须尽快出台相关实施细则，比如入选精选层的标准、创新层公开发行的实施细则、转板制度的实施细则，等等。这样做，一方面是迫于市场发展的需要；另一方面是新三板目前需要尽快修复市场信心，因此股转公司应在最短的时间内向市场发出政策落地信号，让市场参与主体真正感受到新三板的春天已经到来。

其次，切实加强监管，提高违法违规成本。市场化与法制化是一枚硬币的两面，只有市场化没有法制化，不仅不能提高市场效率，甚至会面临系统性市场风险。真正市场化的资本市场，其核心目标就两个：一是高质量的信息披露；二是高违法违规成本。信息披露质量低劣、违法违规成本较低是中国资本市场长期建设和发展过程中的"软肋",新三板更是如此。新三板七年的市场运行表明,欺诈发行、虚假信披、内幕交易及操纵市场等违法违规行为显著存在。基于此,本次改革把加强监管、提高违法违规成本作为核心的改革举措提出来,方向无疑是正确的。在自律监管、行政监管和法制监管三方面,新三板已经构建起了较为完备的自律监管框架,但需要切实强化行政监管和法治监管。强化行政监管的具体措施是:在分层的基础上,实施分类监管。基础层作为优质公司的培育层和储备层,作为证券场外市场,其信息披露和监管可以相对宽松,以降低挂牌公司显性的财务成本和隐性的机会成本,但作为公开发行的创新层及提供"转板"上市的精选层,作为证券场内市场,在信息披露和监管方面要严格比照交易所市场的监管标准。法治监管是资本市场监管的最后底线,但中国资本市场法治监管大大滞后于市场发展是不争的事实,新三板要基于自身的市场特点及监管经验与教训,积极推动《证券法》的修改与完善,推动集体诉讼在新三板试行等,强化法治监管。新三板今后监管的基本框架和原则是,以自律监管为基础,大力强化行政监管,积极推动法治监管,综合施治,以提高违法违规成本。

二、创业板改革迫在眉睫

创业板从 2009 年设立到现在,已经走过 10 个春秋。统计到 2019 年 10 月 25 日,上市公司 775 家,市值 5.67 万亿元,每家上市公司平均市值 73 亿元,市盈率 44 倍。创业板已达到了一定的规模,但远没有满足大量科创企业的融资需求。深层次的原因在于,由于创业板依附于主板市场,致使对创业板的资源配置不足,影响了创业板的发展。更重要的原因可能在于,其主板市场非市场化的制度安排致使创业板也沿着主板既定的非市场化制度轨道前行，这样既制约了规模和速度，同时也影响了市场质量，其结果是创业板成为主板市场的一部分，对科技创新企业没有起到很好的金融支持作用。

但创业板作为我国支持科技创新企业最早的资本市场，相对于2019年才设立的科创板和目前正在夯实制度基础的新三板，创业板也具有显著的优势：一是品牌优势。从成立至今10年的时间，已在中国资本市场体系中树立起了为科技创新企业提供资本市场服务的品牌；二是市场管理优势。10年的市场运行，已经积累了丰富的为科技创新企业服务的经验；三是市场规模优势。目前775家上市公司，5.67万亿元的市值，相对于刚开设的科创板与正在完善市场化制度的新三板而言，在短期内依然具有较大的市场规模优势；四是地处中国经济改革开放最前沿的城市深圳，具备较好市场创新基础和创新的文化氛围。当然，目前新三板的后发制度优势以及科创板的迅猛发展无疑给创业板的发展带来了巨大的市场发展压力，因此，要想把创业板打造成为真正支持科技创新型资本市场，市场化改革刻不容缓。目前创业板最大的劣势在于市场化制度安排业已落后于科创板与新三板。如果创业板能有效利用自己的先发优势，充分总结和吸收科创板和新三板市场化制度安排的经验和教训，及时推出注册制改革的措施，无疑会成为中国科技创新型资本市场体系的重要组成部分，并且会成为中国科创资本市场体系中的高级市场，与科创板与新三板一起，共同助推中国科技企业的产业化。

三、科创板建设任重道远

科创板自2019年6月13日开板和7月22日开市以来，其市场表现基本上达到市场预期。统计到10月25日，上市公司35家，总市值达到5564亿元，平均市值159亿元，市盈率69倍。作为中国资本市场首个实施真正注册制的市场板块,科创板不仅肩负着完善资本市场基础制度的重任,同时也应该肩负起为创业板和新三板提供注册制改革经验探索的重任。科创板与创业板、新三板相比,最大的优势在于制度优势和品牌优势。与创业板相比,注册制先行一步,占据天时、地利与人和。与新三板相比,上交所作为中国市场规模最大的主板市场,拥有强大的品牌优势,较强的市场资源整合能力会带动科创板迅速发展壮大。目前面临的问题可能在于:一是对创新型企业提供资本市场服务的管理和运营能力可能存在不足,需要时间慢慢积累;二是因为处在注册制改革的探索阶段,当前的发展速度不宜过快;三是在市场化的同时,如何切实有效地加强监管,提高违法违规成本是科创板目前面临的巨大挑战。科创板由于允许不盈利企业上市,上市企业造假的财务成本相对于A股其他板块相对容易些,如果没有较强的监管水平与能力,市场有可能欺诈横行。市场化与法制化是市场健康发展的两面,没有法制化的市场化,不但不能提高市场效率,甚至会面临系统性金融风险。国务院副总理刘鹤在出席科创板开板仪式上明确指出,科创板的主要工作或任务是两个,一是进行有效的信息披露,二是加强监管,提高违法违规成本。而这两个方面正是中国资本市场长期发展和建设过程中存在的显著"软肋"。因此,科创板一方面要根据注册制基本的制度安排,满足市场巨大的融资需求,快速推进科创企业的上市融资;另一方面需要探索在市场化的同时,如何有效加强法制化建设,提高违法违规成本,以真正保障市场主体的合法权益,从而建设一个高效的科创型资本市场,以促进科技产业的发展。因此,科创板市场建设任重道远。

四、联通、合作与效率

本次新三板改革举措,明确指出要实现与沪深交易所的错位发展,补齐多层次市场的短板，这意味着新三板与科创板、创业板要有自己明确的市场定位和服务对象，以实现中国科创资本市场体系各市场板块的差异化发展，从而提高为科技企业服务的总体市场效率，以实现市场金融资源配置的帕累托最优。科创板主要服务符合国家战略、突破关键核心技术、市场认可度较高的优质科创企业，创业板主要服务于具有相当规模和成长性的创新型企业，新三板主要服务于创新型民营中小型企业。根据目前对新三板"转板"上市制度的安排，以及新三板挂牌公司、创业板和科创板上市公司的市场表现，我们可以对中国科创资本市场体系中的新三板定位为基础性市场，其主要市场特征表现为，企业发展阶段较早、公司规模偏小、风险水平较高。把科创板和创业板定位为科创资本市场体系中的高级市场，其总体市场特征表现为，企业处于发展阶段后期、公司规模相对较大，风险适度可控。三大市场企业的创新能力依据强弱表现依次为科创板、创业板和新三板。当然，这只是政策、理想和逻辑的市场定位，但在现实的市场发展中，特别是处在新三板创新层和精选层的挂牌公司，与科创板和创业板的市场重叠度也很高，其发展阶段、创新能力和风险水平也大多处在相当水平，客观上存在一定程度的市场竞争，这也是必然的。从国家战略层面看，设立新三板和科创板，本身就是打破市场垄断，鼓励市场竞争的有效政策举措。市场之间的适度、有序竞争无疑会提高的市场的整体运行与服务效率，这也是中国资本市场市场化改革题中的应有之义。政府进行市场制度的顶层设计，只要制度安排适当，适度的竞争所带来的高效率也就会促进市场的良性发展。

三大市场一定程度的竞争是存在的，但市场之间的联通与合作更会成为常态和主流，合作更会提高市场的整体市场效率。新三板作为科创型资本市场体系中的基础市场，通过建立"转板"上市制度，优质科创企业通过转板通道，直接到科创板和创业板这两个高级市场实现上市交易融资,一方面,满足了优质科创企业的大额融资需求;另一方面,由于转板提供了通畅的市场退出机制,会对增量市场资源产生较大吸引力,从而有效激发了新三板的市场活力。对于科创板和创业板这两个市场而言,一方面,新三板为其储备了大量优质的潜在上市标的,为市场规模迅速扩大奠定了坚实的市场基础。另一方面,新三板优质挂牌公司的市场属性和特征为高级市场提供了大量的并购标的,为两个市场产业资源的有效整合提供了极大的便利条件。以上两方面的合作将会使基础市场和高级市场你中有我、我中有你,从而提高了资源的配置效率和市场的整体运行和服务效率。

为了构建一个高效联通与合作的中国科创资本市场体系,以支持中国科技产业的发展和实现经济结构的转型,政府应从国家战略层面对新三板、科创板和创业板进行顶层制度安排与设计,具体措施:一是尽快落实和完善新三板本次改革的各项核心举措,为新三板成为独立的科创证券交易市场奠定坚实的制度基础。当市场运行平稳、市场质量不断提升、市场认可度较高的时候,新三板也就完全具备了与科创板和创业板联通与合作的市场基础。二是在充分总结和吸取新三板和科创板市场化改革的经验和教训基础上,马上启动创业板的注册制改革,使创业板成为科创资本市场体系中有效率的高级市场。三是科创板需要充分利用现有的制度优势和品牌优势,一方面迅速扩大市场规模,以满足大量科创企业现实的融资需求;另一方面为创业板以及整个资本市场的市场化改革探索出可行的方向与路径,为科创资本市场创造一个良好的市场生态。四是在以上三个市场进行市场化建设的同时,尽快修改和完善《证券法》等相关法律规范,提高资本市场的违法违规成本,保护各市场主体的合法权益,以保持资本市场持续、健康和长期发展。五是在大力发展新三板、科创板和创业板作为公开证券市场的同时,需要统筹兼顾到私募股权资本市场的健康发展。如果没有一个健康的 PE 市场，科创资本市场发展就成了无源之水，无本之木。同样，没有一个强大的健康发达的证券公开市场，PE 没有一个通畅的退出通道，PE 市场也不可能得到健康发展。因此，对 PE 的有效监管，引导其健康发展，也是构建中国科创资本市场体系的重要一环。

（本文发表于中国金融信息网 2019 年 11 月 5 日）